二代目

聞き書き　中村吉右衛門

小玉祥子

朝日文庫

本書は二〇〇九年九月、毎日新聞社より刊行されたものに加筆しました。

序

中村吉右衛門

　毎日新聞の演劇担当記者小玉祥子さんから「新聞で一年にわたって吉右衛門をとりあげたい」というお話がありました。そのとき思ったのは、私は波瀾《はらん》万丈な人生を送ってはおらず、極々平凡な人生なので面白い記事にならないのではないかということです。ましてや連載タイトルが「二代目」になったと伺い、ますます恐縮しておりました。

　私が「二代目」と言われてすぐに思いつくのは、高島屋二代目市川左團次丈です。教科書にも載っている「團、菊、左」の初代左團次のご子息です。新歌舞伎に本領を発揮された方で、東京の歌舞伎界では「二代目」と言えばこの方を示します。

　何代も続いているのが普通の歌舞伎界において、「二代目」ということは初代が大変な名優であったという事です。ご多分にもれず私の父、初代中村吉右衛門も稀代の名優でした。しかし高島屋は初代は実の父親で、私は母方の祖父の養子になった違いがあります。血統の上では孫が養子になったわけですから、父親の薫陶《くんとう》を受けたであろう方と、その内容は大変な違いがあると思いました。

それはともあれ、周りの人々はたいそう喜んでくれました。ことに父方の祖父七世松本幸四郎は私の誕生を祝して実父に手紙をくれました。

〈お芽出度《めでと》ふ　お芽出度ふ
長生館へ電話と
速達で　堀から委しく
志《し》ら勢《せ》て具《く》れ　此方　両人
大安心　誠に重ね重ね
大手柄　若宮町でも
注文通りになり嘸《さぞ》
喜んで居られる事と
察します　就ては
名まへの事は先頃より
波野家相續者と
極つて居る故　これは

若宮町のおぢい様に
まかせた方がよいと
思いますからよくよく
御相談なさい　萬事は
帰京の上にて　尚昨今は
気候も定まらぬ故
両人とも大切に気を
つけて下さい
波野御両所へ
　　　　よろしく

五月二十四日
　　　　藤間
　　　　　両人

順次郎殿〉

という内容です。養父初代も日記に書き残しております。このように一応私は周囲から祝福されていました。そんな恵まれた環境に私もいい気になっていたと思います。ある日養母は「二代はただずと言うからね」と私に面と向かって漏らしたのです。今でこそ私を励ます為に言ってくれた言葉と思いますが、言われた時は私もまだ子供でしたし、大変ショックでした。

考えてみれば、本当に二代目とは難しい立場です。初代の名跡《みょうせき》を継いだ者としてその責任感、ご贔屓《ひいき》のご期待に添う事、初代の芸を継ぎ尚かつ自分の芸を確立する等々、それらを私が乗り越えてきたとはどうしても思えませんでした。

そんな私が、「二代目」というタイトルで新聞に取り上げていただいてよいものかと迷いました。しかし、女房の「取り上げていただけるだけでも幸せと思わなければ」との言葉に「私のようなものでもお役に立てるようなら」とお引き受けしました。

記事になった「二代目」を読ませていただいて私は小玉さんに頭が下がりました。私のつまらない話で記事になるのかと心配していたのは杞憂《きゆう》であり、小玉さんに対して大変失礼な事でした。彼女の取材力と言いますか、調査力のすごさに舌を巻き、己の事を書かれているにもかかわらず、「こんな事もあったか、彼はこんな事を思っていたのか」等々、忘れていた人生を思い出させてくださいました。これは私の役者人生に大いなる収穫をもたらし、自分の人生を復習させていただきました。そして今度、一冊にまとめていただく事になり、なんと御礼申し上げてよいやら、この本は自分の事を書いていただいたというばかりでなく、私の宝物にもなりました。

「役者は一生修行」とは初代の言葉ですが、私もこの一冊に書きこまれている我が人生を振り返り、修行をし直そうと思います。そして「二代目」と言えば、と称される役者になれるよう一所懸命俳優人生を歩んでゆく覚悟です。あちこちの旅先にまでインタビューに来てくださった小玉さん、本当にありがとうございました。また、お忙しいところを協力してくださった皆様にも篤く御礼申し上げます。単行本にするにあたって、大変お世話になりました大場葉子さんにも感謝申し上げます。そして、この本を手にしてくださった方々が歌舞伎にも関心を持っていただけましたら、是非とも劇場にお出かけくださいますよう願っております。

二〇〇九年七月吉日

二代目　聞き書き　中村吉右衛門●目次

二

三

四

二代目

聞き書き　中村吉右衛門

一

二代目吉右衛門、一歳当時。1945年11月撮影。

初代（左）と萬之助、浅草神社境内での吉右衛門句碑除幕式で。

誕生

宿命の子。

そう言ってもいいかもしれない。

太平洋戦争最中の一九四四年五月二十二日に、その子は東京に生まれた。父も祖父も、その前も代々が歌舞伎俳優。つまりは、男児として出生した瞬間から、歌舞伎俳優への道を定められていた。しかも母方の祖父である名優、初代中村吉右衛門の養子となることまでが約束づけられていた。

出生当日の様子を、身内でもない我々も詳《つまび》らかに知ることができる。後に養父となる祖父、初代吉右衛門の『吉右衛門日記』（演劇出版社）に活字となって残っているからだ。

「五月二十二日午後六時五十分めでたく男子。生まれし時の目方、七百六十匁《もんめ》（約2850グラム）也。まことに安産であった」

当時の吉右衛門は一座を率いて東京近郊の軍需工場への慰問を続けていた。五月十九日は千葉、同二十一日は横浜へ出かけていたが、二十二日は、たまたま休みであった。

午後に防空警戒解除となり、安産を麻布金光教会に祈願した。その後、「頭が出掛かる」と知らされ、牛込（現在は新宿区内）にある自宅に近い若宮八幡宮に詣でた。その祈念中に、男子出産の吉報がもたらされ、先の喜びの記述となる。翌二十三日には、さらに足を延ばし、お礼参りに「鎌倉八幡宮（鶴岡八幡宮）」まで出かけている。単に孫が生まれたという以上の大きな喜びには理由があった。

初代吉右衛門は、明治から昭和期までの演劇界を代表する名優だ。一八八六年に生まれ、子供が大人の役を演じる「子供芝居」の舞台に幼くして立ち、芸達者ぶりで称賛を博した。大人の俳優として舞台を踏むようになってからは、めきめきと頭角を現し、押しも押されもせぬ存在となった。「時代物」に登場する英雄・豪傑、「世話物」の庶民役の両方に優れ、ことに六代目尾上菊五郎とは「菊吉《きくきち》」と並び称され、舞台に華を競い合った。

だが両者には、決定的な違いがあった。六代目の父が江戸歌舞伎の名門、菊五郎家の直系である名優、五代目菊五郎なのに対し、初代の父の三代目中村歌六は芸達者として知られてはいたが、関西出身の脇役俳優であった。初代は一代にして歌舞伎界に自身の地位を築いた。ところが初代には、その芸を継承させる跡取りとなる男児がいなかった。

ために一人娘が初代の愛情を一身に受けることとなった。それが正子《せいこ》。二代目吉右衛門の実母である。だが、正子はただのお嬢さんではなかった。父の飛び切り優れた資質を十分に受け継いでいた。

「初代はおふくろをかわいがった。芸質も良かったんです。小唄は一回で覚える。初代の得意とした弓を引かせても、めきめきと腕を上げる。何でもできた。初代も、おふくろが男の子で跡取りにできたらと思ったのでしょう」

だが女性は、名優の娘に生まれようとも歌舞伎俳優になることは適《かな》わない。初代は正子を、幼いころには男児と思い込もうとすらし、普段は「坊や」と呼んだという。「大人の女性になる印があり、お赤飯を炊いて祝おうとしたら、『うそだ、そんなはずはない』と怒ったそうです」

初代の芸に憧《あこが》れ、師事した俳優に初代松本白鸚（八代目松本幸四郎）がいた。「勧進帳」の弁慶を千六百回以上演じ、日本舞踊の大流派、藤間流の家元でもあった七代目松本幸四郎の次男である。七代目には、長男の十一代目市川團十郎、次男の白鸚、三男の二代目尾上松緑という三人の息子がいた。七代目は長男を自分の師匠筋の市川宗家（團十郎家）に養子に出したため、幸四郎家の跡取りは白鸚と定められていた。

正子が恋し、結婚相手にと望んだのは十三歳年上の、その白鸚（当時・五代目市川染五郎）であった。幸四郎も江戸以来名優の続く、歌舞伎界に冠たる大名跡《みょうせき》だ。その名を捨てさせ、吉右衛門を継がせるわけにはいかない。渋い顔をする初代を前に、正子は「男の子を二人産み、一人を実家の養子にして吉右衛門を継がせる」と言い切った。

一九四二年に長男の昭暁《てるあき》（現・幸四郎）が生まれ、一九四四年に「公約」通りに次男が誕生した。「おふくろの執念でしょう」と吉右衛門は言う。『吉右衛門日記』の五月二十八日の項には、こうある。「久信と命名した。孫も益々元気で生長し、娘もお蔭と健やか。有難くめでたく七夜を迎えた」

最初の名は藤間久信。一九四四年三月には「決戦非常措置要綱に基く高級享楽業停止に関する具体策要綱」により、歌舞伎座など大劇場の営業が停止されている。東京大空襲のあった一九四五年三月。初代夫婦と正子とその子供たちは日光へと疎開した。歌舞伎座も新橋演舞場も同年五月の空襲で焼失した。初代吉右衛門と娘婿の白鸚は、仮住まいとした疎開先の天台宗の寺院を拠点に軍需工場などの慰問公演を重ねた。吉右衛門には、日光での記憶はないという。代わりに一九四三年に初代に弟子入りし、当代一門で女方として活躍した二代目中村吉之丞（二〇一四年没）に語ってもらった。吉之丞は疎開先まで初代に同行し、身の回りの世話にあたった。

「夜に空襲の警戒警報が鳴ると、お寺の廊下の雨戸を入れ、黒いカーテンを引いて先代（吉右衛門）さんが寝間着から服に着替えます。見回りに来た消防団に『電気を消して』と注意されると『消したら着替えができねえ。おい、俺《おれ》は中村吉右衛門だ』とおっしゃるんですが、そう言ったってねえ」

芸には優れていても世事には疎い俳優を昔は「役者子供」と言ったものだが、そんな初代の姿がうかがえる。「引窓《ひきまど》」で吉右衛門の南与兵衛《なんよへえ》に義母のお幸で優れた演技を見せるなど、老け役の印象が強い吉之丞も当時は十代。疎開先では幼い吉右衛門をしばしばおぶっては寝かしつけた。

「ニコニコしたかわいい坊ちゃんでしたが、簡単には寝てくれません。こっちも早く背中から下ろしたいから、おんぶのままお日様に坊ちゃんの顔を向けると、まぶしさに目を細めて、そのうちに寝ちゃう。旦那（吉右衛門）には『お前のせいで目が悪くなった』と言われています」と懐かしむように微笑《ほほえ》んだ。

だから当代の目に残る最初の光景は、戦後の一九四五年の秋に一家が移り住んだ久我山（杉並区）の家でのものになる。舅《しゅうと》と婿である初代の家と白鸚家は向かい合わせの場所にあった。幼いころから初代に師事した二代目中村又五郎の家もその近所にあった。

「家の近くに森があり、中で遊んでいた兄貴（幸四郎）の頭に栗のイガが落ちた。ウワーッて泣きながら出てきた兄貴の頭に、中村のおばさん（二代目又五郎夫人）が『あら大変』と赤チンを塗っていたのを覚えています。イガグリ頭にイガ、と僕は思った」

妹の麗子がその家で生まれ、きょうだいは三人になった。

「麗子さんが久信ちゃんと言えずに『おぶちゃん』と呼んでいたから、私たちも旦那のことを、おぶちゃんと言っていました」と吉之丞。

日光から久我山へと一家と行動を共にし、忙しい白鸚夫人の代わりに兄弟を献身的に育てたのが「ばあばあ」と呼ばれたばあやの村杉たけである。故人となった今も吉右衛門が第二の母と慕う存在だ。久我山では、たけにひどく怒られたことがある。自宅の近所に年齢の近い仲の良い女の子がいた。

「甘いものが貴重な時代でしょ。僕が女の子に砂糖の袋を上げたんですって。彼女が喜んで家に帰って開けてみたら、中から砂が出てきた。『ひどいことをする』と、その子のおかあさんが血相を変えて抗議に来たんだそうです。僕にはその記憶がない。きっとその子のことが好きで、気を引きたくてやったのでしょう」

たけは千葉県の千倉生まれ。初代の家の波野家に十九歳で行儀見習いに入った。

「当時のばあの故郷では、東京へ行儀見習いに出た女性は『江戸っさん』と呼ばれて箔《はく》がつき、奉公を引いてからも良縁に恵まれたそうです」

千谷《ちや》道雄著の『裏方物語』（早川書房）によれば、たけは、結婚のため二十二歳で暇を取って二人の男児を産んだが、三十三歳の年に長男が川で溺《おぼ》れて亡くなり、海軍軍人であった夫とも死別したため、次男を実家に置いて波野家に戻り、正子の嫁入りと共に白鸚の藤間家にきた。

「僕が生まれたばかりの時に、次男が日本脳炎になった。実家に飛んで帰ったら、次男が『早く赤ちゃんのところに帰ってあげて』と言ったそうです。そして亡くなってしまった。だから僕を次男の方の生まれ変わりのように思ってくれていました」

『裏方物語』から、当時の思い出を語るたけの言葉を孫引きする。「おとむらいを済まして東京へ帰った時、大きい奥さん（吉右衛門夫人）がおたけをこんな不幸な目に会わせた責任は、家にもあるんだから、今度話があったら、けっして無理に止めませんと仰《おっしゃ》言ってでした。ですけど……ねえ、私にしたら、……子供を亡くす前だったらとも角も……だから、もうずっとおいて頂こうと思ったんです」

この話を歌舞伎座の楽屋でする吉右衛門の目には涙がたまっていた。たけは、吉右衛門の成長に大きな役割を果たすことになり、今もその心の中に、しっかりと生きている。

初舞台

終戦後すぐに、歌舞伎の上演は再開された。東京の皮切りは、奇跡的に戦災から免れた東京劇場（東劇）での一九四五年九月の「（二代目）市川猿之助一座」公演。同十一月には同じ東劇で初代吉右衛門一座による公演が行われている。驚くべき早さだ。戦火から脱した人々は娯楽を渇望していた。

吉右衛門一座の興行は戦後初の二部制となった。一部が「佐倉義民伝《さくらぎみんでん》」「道行初音旅《みちゆきはつねのたび》」、二部が「菅原伝授手習鑑《すがわらでんじゅてならいかがみ》・筆法伝授《ひっぽうでんじゅ》、寺子屋《てらこや》」「双面《ふたおもて》」。初代は当たり役である「義民伝」の木内宗吾と「菅原」の源蔵、白鸚は「菅原」の玄蕃《げんば》を演じていた。ところがここで問題が起こる。占領軍から「寺子屋」の上演中止命令が出たのだ。

「『封建時代の忠義、主人のための犠牲などを題材とした演劇は、今後の日本民主化のために適当でない』と米軍当局が主張したためで、以後、封建時代の義理人情を扱った題材の多い歌舞伎に対し、上演の可否を検討させられる状況に追い込まれることになる」（『歌舞伎座百年史』〈本文篇・下〉松竹）

「寺子屋」で源蔵は主君、菅原道真の息子、秀才の身替わりにするため、寺子屋に来たばかりの小太郎の首を打つ。小太郎の親、松王丸も息子が殺されることを承知で寺入りさせていた。親子の情と主君への義理を描いた歌舞伎屈指の人気演目である。

だが占領軍には逆らえない。同二十一日から昼夜ともに一部の演目のみを上演することとなった。「忠義」と「犠牲」がならないのなら、歌舞伎の演目の過半はお蔵入りとなる。歌舞伎の「危機説」はては「廃止説」までささやかれる事態となった。一九四七年末ごろにすべての上演制限が撤廃されるまでこの状況は続いた。

だが、歌舞伎界がそんな危機にあることも、実父と祖父が当事者であることも、幼い久信少年は知る由もない。身体が弱い坊ちゃんを丈夫にさせるためには、カルシウムを取らせる必要があると確信したばあばあのたけに、「朝晩メザシを頭から全部食べさせられていました。嫌いでした。すぐお腹《なか》をこわすから、よく重湯も飲まされました」と別の危機に直面していた。

白鸚は三十歳代の舞台盛り。俳優としての成長期にあり、母の正子も夫と劇場に出かけることが多かった。一九四六年五月には兄の昭暁（現・幸四郎）が、東劇で二代目松本金太郎を名乗って初舞台を踏んだ。ばあばあは兄につき切りとなる。

このころには一家は渋谷に転居していた。からっぽの家で、少年はひとり遊びにいそしんだ。庭の木登りである。

「高い木の上に腰掛け、ぼうっとあたりを眺める。誰も来ないでしょ。今もそうですが、ひとりでいる方が好きです。サルスベリもあった。猿がすべる木なら、俺が登ってやろうって。登り難《にく》かったけれど、制覇しました」

だが、その子供らしい密《ひそ》かな楽しみも、見かけた近所の知人からの「役者になる子が木から落ちてケガでもしたらどうする」の一言であえなく禁じられた。

「渋谷の家には、お風呂がありませんでした。おやじたちは劇場の楽屋のお風呂に入れますが、こちらはそうはいきません。ばあばあに連れられ、小学校二年まで銭湯の女湯に入っていました。鼠《ねずみ》の入った鼠捕りを、ばあばあと近所の川に捨てにいった記憶もあります」

　自宅には、ばあばあ以外に七代目幸四郎の人力車の車夫をしていた村上という名の男性も住み込んでいた。その彼が、向かい側の空き地にドラム缶を置き、バケツで水を運んで即席の五右衛門風呂を作ったことがある。

「下駄を履いて湯に入りました。空が見えて楽しかった。村上にはタバコも教わりましたね」

　時代を感じさせる話だ。もうひとつ。ちょっと怖いエピソードを紹介する。白鸚家の裏には資産家の邸宅があった。そこに強盗団が侵入したのだ。最初に異変に気付いたのは、たけである。

「真夜中に目を覚ましたら、屋根をミシミシ歩く音がし、やがてドンと下に飛び降りる音がした。強盗だと直感したばあばあは、そのまま布団をかぶってじっとしていたんだそうです。強盗は裏の家の一家を縛り上げ、根こそぎ金品を奪い、トラックに積んで去っていった。それからしばらくは、枕元に桶《おけ》だのフライパンだの音の出るものを置いて寝るようにしていました。何かあったら、それを叩《たた》いて危険を知らせるためです。我々子供たちはおもしろがってパンパンやっていましたが」

三歳からは歌舞伎の基礎となる踊りの稽古《けいこ》も開始された。最初の師匠は白鸚が家元をつとめていた松本流の舞踊家である初代松本幸子。後には二代目藤間勘祖《かんそ》（六代目勘十郎）についた。ひとかどの歌舞伎俳優となるための長い道程の始まりである初舞台の日が迫っていた。四歳を目前にしたある日、「ちゃんとした服」を着せられた久信少年は、ばあばあに連れられ、祖父母である初代吉右衛門夫妻宅を訪問した。

「初代は留守でしたが、長火鉢越しに向き合ったおばあさん（千代夫人）に『うちの子になるんだよ』と言われ、そうか、と思いました」

以前から折に触れ、「藤間」から「波野」（初代の姓）になり、吉右衛門を継ぐのだ、と言われていたため、驚きはなかったという。それから間もない一九四八年六月に初代中村萬之助を名乗っての東京劇場での初舞台が行われた。萬の字は初代の母、嘉女《かめ》の実家の芝居茶屋「萬屋」にちなんだもので、初代吉右衛門の命名になる。

役は昼の部が「御存俎板長兵衛《ごぞんじまないたのちょうべえ》」の長松、夜の部が「ひらかな盛衰記《せいすいき》・逆櫓《さかろ》」の駒若丸。「長兵衛」は俠客、幡随院《ばんずいいん》長兵衛が主役の芝居で、長松はその息子。「逆櫓」の駒若丸は、源頼朝と戦って命を落とした木曽義仲の遺児《ひご》だ。実は義仲の家来、樋口兼光である漁師の松右衛門の息子の槌松《つちまつ》として駒若丸は庇護されている。長兵衛と松右衛門は、当たり役とする初代がつとめた。

長松は俎板の上で見えをしてタンカを切る。

「きれいで格好がいいし、ご機嫌で出ていたらしい」

劇中の口上で初代が、この子を自分の跡取りとする、と観客に披露した。ところが口上の度になぜか客席からは、くすくす笑いが起こる。不思議に思った初代が、ばあを見にやらせると、初代の隣にあぐらをかいて座る萬之助坊やが、口上の間中、足の間から出た赤い下がり(下帯)を、アイロンがけでもするように丁寧に伸ばしていた。

ばあばあは初代にも原因を言えず、後々まで「あんなに恥ずかしいことはなかったと言っていました」。

一方の駒若丸は、機嫌よくとはいかなかった。出番前の化粧中に泣き出して収拾が付かなくなり、とうとう代役を立てる羽目に陥る。

「普段は優しいおじいちゃん(初代)が、松右衛門で立ち回りをして血だらけになるのが怖かったのだと思います。初舞台を途中で代わってもらうなんて前代未聞でしょう」

千秋楽まで代役をつとめたのは初代の弟子である二代目中村吉十郎の次男、吉勝。当時五歳で兄の吉春と共に子役として活躍していた。吉勝は名子役の誉れ高かったが俳優の道は選ばずに技術系の会社員となり、先年亡くなった。同僚は彼が子役であったことすら知らなかったという。

兄の吉春も俳優にはならずに舞台を退いた。大学へ進み、白鸚一門の東宝入りの後、正子に請われて東宝に入社し、プロデューサーとなった。本名の臼杵吉春で森光子の代表作「放浪記」などを手がけた。一九三九年生まれだ。

「年齢が違ったせいか、幸四郎さん、吉右衛門さんご兄弟と子役当時の僕はあまり接点がなかったけれど、東劇の楽屋で一度だけ、終演後に、弟と一緒に四人でかくれんぼをした記憶があります」

二代目吉十郎は「幡随長兵衛」の舞台番などで名脇役として知られた。その父、初代吉十郎も初代吉右衛門の弟子であったが、映画界入りし、「目玉の松っちゃん」の愛称で知られる時代劇スター尾上松之助が主演する映画で二枚目役として活躍。自身の主演映画も残した。さらにさかのぼれば、初代吉十郎の父も歌舞伎俳優。市川瀧三郎を名乗り、関西歌舞伎で活躍した。

「三代続き、僕で四代目になるはずでしたが、なぜか父が『役者はこりごり、息子には継がせたくない』と申しまして、お稽古事も一切やらされませんでした」と臼杵は話す。

吉春の吉は、もちろん吉右衛門の吉に由来する。

話はそれるが、戦前までの歌舞伎界には主役だけではなく、脇役にも臼杵家のような何代も続く俳優の家系が何家もあったのだ。ところが現代では、脇であればあるほど、親が子を俳優にしたがらない傾向にある。進路を強制できる時代ではないし、職業選択の多様化なども理由にあげられよう。だが、演劇としてより高度なものを望む際に、脇役の充実は欠かせない。そのためには脇役を、親が子に継がせたくなるような魅力あるポジションにすること、優れた資質を持つ脇役出身者を登用する道を、もっと広げていくことが必要だろう。

話を戻そう。吉右衛門が萬之助となった初舞台の翌年（一九四九年）に名高い二人の俳優が亡くなっている。一人が父方の祖父である七代目幸四郎。もう一人が初代吉右衛門終生のライバル、六代目菊五郎であった。

七代目は同年一月二十七日に七十八歳で没した。三重県（員弁《いなべ》郡東員町）の建築業者の子に生まれ、東京に出て舞踊家の二代目藤間勘右衛門の養子に入り、九歳で九代目市川團十郎の弟子となって頭角を現し、大名跡の幸四郎を襲名した。

面長で鼻筋の通った、いわゆる「役者顔」の美男子で、後の十一代目團十郎、松本白鸚、二代目松緑という三人の男児をもうけた。十一代目の子が十二代目團十郎、白鸚の子が現・幸四郎と吉右衛門、松緑の子が初代辰之助（三代目松緑）である枝葉の茂りようを考えれば、歌舞伎界のために手を合わせたいような気すらする。

二代目松緑は父のことを著書『松緑芸話』（講談社）で「偉大なる凡人」と表現し、「とにかく不器用な人」「自分の不器用さを子供には移したくなかった」「（だからわが子を）当時もっとも器用だといわれていた六代目尾上菊五郎と初代中村吉右衛門に預けた」と重ねている。

その経緯を七代目はこう記している。「学校を出ましてから染五郎（白鸚）は、播磨屋の芸風が熱があってよく、親類筋でもあるのだから、是非吉右衛門さんの所で修業させてもらいたいといひますので、負ふた子に教えられた形ですぐに頼みこみ、暫くお世話になってゐましたが、今日では吉右衛門の娘正子を妻にめとり、義理の親子の関係になって居ります」（『芸談一世一代』右文社）

芸の後輩である初代と六代目にわが子を託したところに七代目の度量の大きさが感じられ、預けた以上は演技に関しても一切口出しをしなかったという。結果として白鸚は初代吉右衛門、二代目松緑は六代目菊五郎の元で修業し、大成を遂げた。そこに二代目松緑は父の「偉大さ」を見ている。

吉右衛門には七代目の記憶はほとんどない。盛大であったと記録に残る葬儀も覚えてはいないという。

「唯一の記憶は、自宅の茶の間に座っている祖父が、『よく来たね』と白いガムを一個出してくれたことです。物を貰《もら》うというのは、子供には強烈な印象なんですねえ」

余談だが、七代目幸四郎は、ほとんど酒を飲まなかったと著書に記している。白鸚もたしなまなかったというし、吉右衛門もほぼ飲まない。体質の遺伝だろうか。

六代目菊五郎は同年の七月十日に六十三歳で亡くなった。「藤娘《ふじむすめ》」「魚屋宗五郎《さかなやそうごろう》」など、舞踊、世話物に今日に残る型を残した天才である。一九〇八年から一九二一年までは初代吉右衛門と共に市村座の座付き役者になって次々と大役を演じ、人気を集め、「二長町時代」と言われる一時代を画した。その死を知らされた初代は嘆き悲しみ、『吉右衛門日記』に俳句三首を残している。その一首が「相共に流し合ひたる汗思ふ」。

さかのぼる一九四五年五月には、二枚目俳優として圧倒的な人気を博した十五代目市村羽左衛門が、疎開先の湯田中で没している。歌舞伎界には戦後と共に世代交代の波が押し寄せていた。

一九四九年九月の東京劇場での襲名興行で、白鸚は染五郎から八代目幸四郎、現・幸四郎は松本金太郎から六代目市川染五郎を襲名した。吉右衛門は「口上」と「逆櫓」の駒若丸に出演した。

「この時はちゃんと出られました」

同年十一月には東京劇場で「盛綱陣屋《もりつなじんや》」の小三郎に出演している。大坂冬の陣を素材に、時代を鎌倉に置き換えた「近江源氏先陣館《おうみげんじせんじんやかた》」の一段だ。盛綱は当たり役とした初代。盛綱の子の小三郎は、戦争で敵方となったいとこの小四郎を捕らえ、大将の北条時政と共に意気揚々と花道から登場する。時政は八代目市川團蔵であった。

「出て行くとお客様が笑うんです。『團蔵のおじさんに付いて行きなさい』と教えられた小さな僕が、大きなおじさんに遅れじと、同じ歩幅で懸命に花道を歩いていくのがおかしかったらしいんですよ」

同じ「盛綱陣屋」では、一九五三年十一月に歌舞伎座で小四郎も演じた。初代の盛綱、実弟の三代目中村時蔵の微妙《みみよう》、六代目中村歌右衛門の篝火《かがりび》、八代目澤村宗十郎の早瀬の配役であった。同月十四日には文部省文化財保護委員会の企画で、松竹大船撮影所のスタッフが「盛綱陣屋」を撮影している。この映画は現在も残る。

「母親に『もう一遍、もう一遍』と叱《しか》られながら、何遍も台詞《せりふ》の稽古をしました。お腹が弱くて腹筋も背筋も発達していなかったせいでしょう。子役の高い調子が台詞を言っている間に段々トーンダウンしてくる。捕らわれて両手を縛られた小四郎がこっそりと出てきて『いまおばさまの読ましゃった』とひとりで台詞をいう見せ場では、最初の『いま』は、一所懸命にやろうと思っているし、高い調子が出ているんですが、『おばさまの』になるとガタッと下がってくる。それが映画に残っているからいけない。偉そうなことを子役さんにも言えません」

このころは初代の当たり役の記録映画の製作が続いている。最初が「熊谷陣屋《くまがいじんや》」で、一九五〇年一月二十八日、同二十九日の二日間をかけ、東京劇場で撮影された。監督はマキノ正博であった。同年五月二十八日には名古屋・御園座で「寺子屋」が撮影された。監督は同じくマキノ。同劇場での「十七代目中村勘三郎襲名興行」が二十五日に千秋楽を迎えた後の同月二十六日にテスト、同二十八日が本番で、染五郎が菅秀才《かんしゆうさい》、萬之助が小太郎に出演するため、名古屋へと出かけた。

「初代の定宿の料理旅館に泊まりました。僕らは寝間の布団がフカフカの上等なものだったのを喜んだり、白いご飯が出たのに歓声を上げたりしました。そんな布団で寝るのは初めてだったし、ご飯も混ざり物があるのが当たり前の時代でしたから。そうしたら、おやじが『戦前の役者ならそんなのは普通だったのにかわいそうだ』と嘆いてね」

撮影ではアクシデントがあった。

「母の千代に小太郎が手を引かれて寺子屋に入門するくだりの、寺入りからでしたが、当時の技術だと劇場内を撮影するには、強いライトを当てなければならない。あまりのライトのきつさに気持ちが悪くなってしまった。映画には、寺入りで寺子に突き飛ばされてよろよろしている僕の小太郎が映っています」

合間には名古屋の東山動物園を訪れた。

「象に乗せてもらいました。毛がバリバリで痛かったのを覚えています」

二代目吉之丞も動物園に同行した。

「撮影が始まる前でした。正子奥さんと坊ちゃん二人と私とお弟子さん何人かで、特別に開園前に入れていただいたんだと思います。坊ちゃんが象に乗ったし、ワニの池に餌のヒヨコを投げ込むところも見ました。チッチチッチと鳴くヒヨコが、ワニの背中に乗って。で、ワニがぐるっとひっくり返るとヒヨコが水に落ちて、それをワニが食べるんです。かわいそうでねえ」

吉右衛門に訊《たず》ねたが、ワニの餌やりの記憶はないそうだ。強烈過ぎる記憶は、忘れるのも、早いのかもしれない。

「人前に出るのはいやだが、舞台出演はきらいではない不思議な性格」と吉右衛門は子役時代の自身を分析するが、家でも楽屋でも冗談を言っては、よく人を笑わせる子供でもあった。兄の現・幸四郎とは二歳違い。洋服もお下がりのことが多い。そこで生まれたヒット作が「お兄ちゃまダブルで僕おフル」。

吉之丞は小学生の「坊ちゃん」が、真面目な顔で「これ少ないけれど」と手渡した祝儀袋から「雨戸に挟まってペシャンコになった日干しでカリカリのヤモリが出てきて」仰天したことがある。

「ちゃめっ気があってね。でも私ヤモリ大嫌いなの」と吉之丞は、つい最近の話ででもあるかのように口元に手をやり、女方らしい美しい声で笑った。つまりは年齢相応のいたずら好きの少年だったのだろう。

長兵衛と長松

幼稚園には入らなかったし、近所の子との交流もなかった。舞台が休みの月の自宅での兄との遊びは「芝居ごっこ」。初代が得意とし、小四郎、小三郎で出演して共になじみの深い「盛綱陣屋」をしばしばまねた。主人公の佐々木盛綱は討ち死にした弟、高綱の首実検を北条時政の前で行う。その首は時政を欺くための偽首であった……。

「子供のころの二歳差は大きい。兄が盛綱で、僕はいつも実検される首の役でした」と吉右衛門。

同じ「盛綱」には、初代にまつわる思い出もある。歌舞伎座であったと言うから、一九五一年正月の再開場以降のことだろう。初代の楽屋と白鸚、萬之助親子の楽屋は襖《ふすま》の仕切りひとつで繋《つな》がっていた。

「機嫌がいい時にはガラッと襖を開け、初代が『坊よ』と顔を出す。ある時に僕が、すかさず『真ん中によぼよぼじいさん』とやりました」

盛綱が襖の向こうから姿を改めて登場する時の浄瑠璃の詞章、「真ん中に三郎兵衛」のもじりだ。

「本当だったら怒られるところですが、かわいい跡継ぎのことでしょ。初代も笑っていました」

「幡随長兵衛」（一九五三年九月歌舞伎座）では、長兵衛、長松の親子を演じた。旗本奴の水野十郎左衛門の呼び出しに応じて死を覚悟した長兵衛が、自宅の門口で親子の別れをするくだりは見どころのひとつだ。

「初代の長兵衛の汗と涙とよだれが長松の僕の顔にかかりました。初代は本当に泣いていました。顔を直《じか》にくっつけてくるのが嫌でした」

無論優しいばかりではない。怖い祖父でもあった。体が弱ってきた晩年には、楽屋で休んでいることも多かった。

「騒ぐと怒られ、小道具をいじると『おもちゃじゃねえ』と叱られる」

芝居の参考のために、白鸚は小粒銀《こつぶぎん》など江戸時代の古銭を収集していた。吉右衛門が興味深く眺めていると「やるよ」とくれた。うれしくなって自分でお金を足し、得意げに初代に披露すると「役者が金なんかいじるんじゃねえ」とどなられた。

「初代は身内のこしらえた借金で子供のころから苦労し、そんなこともあって子供芝居で稼いでいた。月ごとに着物が質屋に入ったり出たりして大変だったそうです。その記憶があるものだから、お金に対し、強い拒否反応を示したんです。こちらは、いいものを集めたと褒めてもらうぐらいのつもりだったのに」

切ない記憶である。

萬之助少年は一九五一年に自宅近くの常磐松小学校に入学し、二年生の時に、実父、白鸚の母校である私立の暁星小学校に兄の現・幸四郎に続いて編入した。暁星では小学校からフランス語の授業がある。編入試験に備え、フランス語の勉強に男子修道会のマリア会へ通った。

「ABC《アーベーセー》のA《アー》も知らないようでは受からないと言われました。まだ焼け野原と瓦礫《がれき》だらけの時代に、修道会の中では修道士の方々が花畑をこしらえ、蜂蜜を取っていた。外国みたいだと思いました。授業の合間にはラングドシャークッキーが出た。おいしくてね。食べたさ一心で週二回通いました。そこで蜂に刺された記憶もあります」

編入試験では、筆記に続いて校長との一対一の面接があった。

「『受かったと思いますか』と聞かれて『かもね』と答えたそうです。大人の中で育ったから物怖《ものお》じしなかったのでしょうか。入学後、校長には、『かも君』と呼ばれていましたよ」

当時の雑誌「演劇界」で、父の白鸚が二人の息子についてこう語っている。

「染五郎の方は九ツになって暁星の三年生。萬之助は七ツで常磐松の一年生になりました。萬之助の方も私達と一緒に渋谷の家に住んでいます。染五郎の方は典型的な総領の甚六で、我ままで神経質なくせに反面人が好くて周囲の者を可愛がったりするタイプです。萬之助の方は、がむしゃらで乱暴者で、よくある二男三男のタイプ。親の私はじっと眺めていると、二人二様でなかなか面白いものです」

常磐松小学校は公立の共学だったが、編入した暁星小学校は私立男子校。

「それまでの私生活で接する女性は母とばあやとお手伝いさんと妹だけ。常磐松小学校での一年間が、唯一、女性と一緒に過ごした時間でした」

好感を持った女の子がいた。

「給食の時に当番でもないのに手伝おうとして『余計なことをしないで』と先生に怒られました」と笑う。

小学校では授業が終わると迎えのばああに連れられ、タクシーで三味線、鳴物、踊りのいずれかの稽古に直行する。そんな日々であった。

「他の子は授業の後に遊んだりするでしょう。僕にはその時間がない。芝居や稽古で午前中に早引けすることも多いし、小学校時代には友達ができませんでした」

兄の現・幸四郎とも年齢の近いこともあり、喧嘩《けんか》ばかりしていたという。

「初代の家の玄関で喧嘩になったことがありました。初代には自分の生まれる前に、養子に入った義兄（二代目中村時蔵）がいた。その人を気遣う思いがあって兄弟は仲良くしなければいけない、それも弟が兄を立てなければいけないと常から言っていたそうです。男の子同士の喧嘩なんだから放っておけば収まるのに、おばあさん（吉右衛門夫人）は怒った。普通は喧嘩両成敗ですが、『お兄様に対してなんだ。土下座して謝りなさい』と僕だけが叱られる。泣きながら土下座しました」

孤独な幼少期と言えるだろう。だがその生活を疑問にも思わなかったという。

現在では、ほとんどの歌舞伎俳優の家で、就学中は学業を優先する傾向にあるが、当時の子役は舞台活動で学校は休みがちになり、近所の子と遊ぶ機会もない。歌舞伎界の名門に生まれたいわゆる「御曹司」は、立場の違いから一般の子役とも親しくはなり難い。そんな背景があった。

それでも修学旅行には参加し、ばあばあがお供をした。場所は小学校定番の奈良、京都。京都での宿は三条大橋のたもとの修学旅行御用達旅館。ここまでは普通の子と同じだが、ちょっと違うのは学校の許可を得て一晩だけ、初代以来お世話になっている「お茶屋さんに挨拶《あいさつ》に行った」という点だ。

「食事をしていると舞妓さんが来てくれました」

もしかしたら同級生も、自分たちとあまりに違う世界を持っているらしい、背が高く大人びた少年に、近づき難さを感じていたのかもしれない。

吉右衛門の幼き日からの愛読書に、サン＝テグジュペリの『星の王子さま』がある。内藤濯《あろう》訳が岩波書店から初出版されたのは一九五三年のことだ。ひとりぼっちの小さな星の王子様に、自身を重ね合わせていたのか。

一九五一年は年間四カ月、一九五二年は三カ月、一九五三年には四カ月の舞台出演をしている。

「こんなに出ていたのかと自分でもびっくりします。芝居に慣れるという意味では、楽屋で過ごすだけでも随分違います」

先にも記した「盛綱陣屋」の小三郎、小四郎、「幡随長兵衛」の長松のほかに「志《し》渡寺《どうじ》」の坊太郎、「寺子屋」の菅秀才などを次々につとめた。

このころに「恋女房染分手綱《こいにょうぼうそめわけたづな》（重の井子別れ）」の三吉役の話があった。子役としては見せ場の多い作品である。大名家の乳母、重の井と生き別れていた息子三吉が再会するが、身分差から公式に名乗りあえない悲劇が描かれる。重の井は初代の弟で女方の三代目時蔵が演じる予定であった。

さっそく弟子に教わり、初代の目の前で稽古を見せた。

「時代物と世話物の台詞を使い分けることが必要な役ですが、できずに全部時代物の台詞でやったら、初代が気に入らず、『役者なんかやめちまえ』とどなられた。企画は流れ、三吉を初演したのは一九五五年でした」

学校が休みの土曜、日曜には初代の家に泊まりに行かされた。初代夫妻の間に「川の字」に寝た時には、両側からの強烈なイビキにまんじりともできなかった。

「初代が引くいびき、祖母（千代夫人）は吐くいびきでした。我慢に我慢を重ねましたが、どうしても駄目で、とうとうお願いをして川の字は勘弁してもらいました。実母は僕に、『初代の跡取り』の自覚を持たせたかったのでしょう。ですが、初代は舞台があって忙しいから、一緒なのは寝る時だけ。実家でも両親は劇場ですから、家でほとんど顔を合わせることがない。僕が芝居に出ている月の方が、まだ楽屋で話す機会があったくらいです」

初代との別れ

初代吉右衛門は、一九五一年に文化勲章を受章した。存命中の俳優としては初の栄誉で、喜びを「菊を前かたじけなくも思はるる」と得意の句に詠んだ。

「舞台の時間が同じ時は、初代の家から一緒にハイヤーに乗って楽屋入りをしていましたが、皇居の横に来ると、必ず車を止めて外に出て一礼してから行くんです」

そんな初代である。勲章授与はさぞ嬉《うれ》しかったことだろう。だが元来が頑健ではなく、心臓に持病もあった初代の体は、このころにはかなり弱っており、公演を途中休演する月も増え、それが度重なるにつれ、世間からの非難の声も高まっていった。

「楽屋入りすると、すぐに布団を敷いて寝ていました。仮病と言われることもあり、おふくろは悔しがっていました。だから僕はどんなに具合が悪くても絶対に楽屋で横になりません。それが初代に対する僕の気持ちです。初代はもともと丈夫ではなく、役者より画家になりたかったそうです。初舞台が十一歳で、当時としては遅かったから『私は中年から役者になった』とよく言っていました。亡くなったのは六十八歳ですが、今だったら八十代か九十代のように見えました。十代の最初のころから、子供歌舞伎で座頭として活躍し、精神的にも苦労を重ねた。それで早くに老けたのではないでしょうか」

初代没後に千代夫人の書いた追悼文にこんな一節がある。題名は「愚痴」だ。「役者ばかりは、衰えた肉体を連日御見物の前に曝《さら》して、吉右衛門も耄碌《もうろく》したとかなんとか手厳しい批判に鞭《むち》打たれ、雨の日、風の日にも仕事を休むことは許されず、遂《つい》には舞台に立てなくなる日まで働き続けなければならない。しかも死んだ後には何一つ残らない」(「幕間」臨時増刊「中村吉右衛門」和敬書店)

文学や美術のように完成された作品を鑑賞に供するのではなく、足を運んだ観客のためにのみ、その場で表現して見せるのが舞台俳優である。頼りは鍛錬を積んだ肉体だけ。一回一回が勝負で、次の日に同じ演技ができるとは限らない。一場の夢のような芸術であり、はかないと言えばそれまでだが、そこに観客にとっての無上の贅沢《ぜいたく》さもある。演じ手が名優であればなおさらのこと。まさに一期一会の芸術なのだ。かつて見た名舞台は観客の脳裏に深く刻み込まれ、何年も何十年も思い返されることとなる。

千代の文章には、病を押してなお俳優として働く夫を心配しながら見守ってきた家族の苦しさ、中傷にも抗弁することの適《かな》わなかった悔しさがにじんでいる。

没年となる一九五四年にも、初代は五カ月間の舞台出演を果たした。萬之助との最後の共演が、同年四月歌舞伎座の「佐倉義民伝」であった。主人公の名主、木内宗吾は、重い年貢にあえぐ村人を救うため、妻子とも別れ、重罪とされた将軍家への直訴を決行する。

萬之助は宗吾の長男、彦七を演じた。「宗吾内」での親子の別れが見せ場のひとつだ。宗吾は家族を残して雪の中を、江戸に向けて立つ。

「もう身体が弱っていましてね。草鞋《わらじ》の紐《ひも》も自分では結べず、僕が履かせて結んであげました。そんな舞台を、幼心にも、やはりきちんと見ておいた方がいいと思ったのでしょうか。『子別れ』が終わってから、急いで着替え、三階の客席にまわりました。上から見ていたら、『通天《つうてん》（東叡山直訴の場）』の場面で、三階からも二階からもおひねりがばらばらと初代を目掛けて飛んでいった。お客様が、本当に初代を宗吾様だと思って拝み、お金を投げていたんです」

舞台で演じられる親子一生の別れに、実人生での別れが重なっていた。

そして初代の最後の舞台となったのが同年七月歌舞伎座の「熊谷陣屋《くまがいじんや》」の熊谷直実《なおざね》である。「ぜんたいの健康をそこなっていちじるしく衰えを見せていたから、陣屋の熊谷のような、体力的にも重労働にちかい出し物をすることは無理なのであった」と『中村吉右衛門』（冨山房）に、河竹繁俊は当時の容体を綴《つづ》っている。

それなのに大役に挑んだのには理由があった。占領軍の検閲官当時に歌舞伎演目の上演制限を撤廃し、歌舞伎を危機から救ったと言われた元ＧＨＱのフォービアン・バワーズが同年六月に来日していたからであった。現在では、バワーズがGHQ内でそれほどに影響力を持っていたかを疑問視する声が高くなっている。だが、バワーズが歌舞伎への造詣が深く、数多い俳優の中でも特別に初代の芸を愛していたことは間違いない。初代はその思いに応えるべく、当たり役の熊谷を彼に見せようと考えた。

「熊谷陣屋」は「一谷嫩軍記《いちのたにふたばぐんき》」の一段だ。源平の争いの最中に、源氏方の武将、直実は平敦盛を討って自身の陣屋へ戻る。そこには敦盛の母、藤の方と直実の妻、相模がいた。実は直実はわが子の小次郎を敦盛の身替わりにしていた。直実は相模と藤の方の見守る中、源義経の前で敦盛の首実検をする。

「衰えがひどく目だって、いたいたしかった。足の不自由のために、物語のときに三段に足を踏みかけることもなく、首実検のとき義経の前に差し出す制札も家来をして抜き取らせ、持ってこさせるという演出になった」(『中村吉右衛門』同)

二代目吉之丞は「二重(屋台)へは、ご自分の力では無理で、階段の下から私が棒を出すと、それにつかまって上がられました。でもご機嫌は良く、舞台が終わると義経役の大和屋さん(七代目坂東三津五郎)に、千秋楽まで『あと五日だね』『三日だね』と、毎日指折り数えるようにおっしゃっていました」と証言する。亡くなる約一カ月前の七月二十六日の千秋楽まで初代は大役を演じきった。

初代は同年八月末に入院したが、帰宅したいと言い張り、九月四日に退院した。だが自宅で容体が悪化、同五日午後二時五十三分に心筋梗塞《こうそく》のために没した。六十八歳であった。

「学校から帰った後にセミ取りをしていたら、ミンミン鳴いていたのがぴたっと止《や》んだ。あれっと思ったら、初代の家のお手伝いさんが『坊ちゃん早く。亡くなられました』と知らせにきた。自転車で、すぐに駆けつけました」

同六日の毎日新聞には、焼香客を前に遺族として千代夫人の隣に並ぶ「愛孫中村萬之助」の写真が掲載されている。萬之助少年は、亡くなった直後の遺体に対面した。周囲は親族のみ。

「祖母は『私はどうしたらいい』と、おいおい泣いていました」

初代の口に水を含ませた時、「母に『立派な役者、跡継ぎになることを誓いなさい』と言われました」。

悲しむ暇もない。その瞬間に重責が、十歳の少年の肩にのしかかったのである。

同じ紙面には、歌舞伎座での「七世松本幸四郎七回忌追善大歌舞伎」に出演中の白鸚が、「勧進帳」の弁慶の衣裳のまま車で駆けつけたが、「十分違いで死に目にあえなかった」と記されている。

初代の葬儀は、同年九月八日午前八時半から東京・築地本願寺で行われた。名優の死を悼もうと関係者以外に多くのファンが訪れ、会葬者は約一万人を数えた。「式場内は（中略）政界、財界、文化人から贈られた百数十の花輪と色とりどりの秋の草花でうずまっていた」（毎日新聞）。法名は至芸院殿釈秀山大居士。

「お花の数がすごかった。揃《そろ》いの半纏《はんてん》を着た鳶《とび》の頭たちが、いい木遣りで送ってくれました」と吉右衛門。

千谷道雄は『吉右衛門の回想』（木耳社）に「霊柩車がそろそろとエンジンをかけて、見送っている会葬者達の間を縫って動き出した時、いきなり赤筋の印半纏を着た鳶頭を先頭に、三十人程の鳶達がバラバラと車の周囲に駆け寄り、一斉に木遣りを唄いながら車の後押しをした」と記している。

この時から、二代目の初代を追う長くつらい旅が始まったのかもしれない。初代は、弓道は奥義に達し、高浜虚子に師事した俳句は句集を残すほどであった。趣味人の要素もあったのかと吉右衛門に訊ねると言下に否定された。

「すべての行動が芝居にかかわる人でした。余計な物を切り捨てて芯だけ残すのが俳句です。瞬間的にどこを見るか、何をとらえるかということ。初代に『破蓮の動くを見てもせりふかな』という句がありますが、芝居における物の見方を俳句によって訓練しようとしたのでしょう。弓も、健康を保ち、姿勢をよくするためでした」

その初代の芸に対する厳しい姿勢は当代にも確実に受け継がれ、それは本書の中でおいおいに明らかとなっていく。ただ人間には、いろいろな側面があるのも事実。初代も時に応じ、違う姿を見せるときがあったらしい。

「普段は、自分のいる場所も道もよく分からない、『ここはどこだい』なんて言っているような人が、ある日、弟子をお供に車に乗っていて、『そこの角行って、曲がってちょっと行ったところの三軒目』と、やけに詳しく指示をして弟子がびっくりしたんですって。彼女の家だったそうです。堅いと言われてもそんなところがあった。でないと『法界坊《ほうかいぼう》』なんて役はできませんよ」

光の当て方ひとつで物が違って見えるように、人も異なる相貌《そうぼう》を見せる時がある。だから怖くも楽しくもある。初代は常に真摯《しんし》に舞台に取り組んだ。だが決して猪突猛進ではなかった。役に成り切っているようでありながら、一方では非常に冷静な目を持っていた。それが名優の条件でもあるのだろう。初代の客観性を裏付ける二つの話を紹介する。まずは吉右衛門が先代勘三郎から聞いた話。

「『伽羅先代萩《めいぼくせんだいはぎ》』の『刃傷《にんじょう》』で、仁木弾正《にっきだんじょう》の初代をおじさんが取り押さえたら、すごい目でにらんで『痛え、痛え、脈が止まらい』と言ったそうです。役に成り切っていたら、そんな言葉を使うはずはない。かといって吉右衛門としての言葉でもない。仁木という人間になった吉右衛門が言っている。カラミの人（立ち回りなどで打ち掛かる俳優）にあまりに一所懸命につかまれると、形を取れずに崩れてしまう時がある。初代はそういうことを言いたかったのかなとも思います」

次は同じく千代夫人から聞いた話。「三人吉三《さんにんきちざ》」でお坊吉三を演じた時のことだ。

「初代が土左衛門伝吉の（四代目尾上）松助さんに、蔵前で胸倉をつかまれている写真が残っています。初代が祖母に『おい、胸倉をつかむところを見たか』と訊ねた。『見ました。あんなに力を入れてつかまれたら、痛くて困るでしょう』『全然。あれは力が入っていない。そう見えるところが松助のすごいところだ』。真綿をつかむようにそっとなのに、端からは大変力を入れているように見える。それが役者、それが芝居というものだと言いたかったんでしょう」

四代目松助は五代目菊五郎の弟子で、明治期の脇役の名人として知られる。当たり役に「源氏店《げんじだな》」の蝙蝠安《こうもりやす》、「雪暮夜入谷畦道《ゆきのゆうべいりやのあぜみち》」の丈賀《じょうが》、「東海道四谷怪談《とうかいどうよつやかいだん》」の宅悦《たくえつ》などがある。一九二八年に亡くなった。

二

鎌倉・雪ノ下の家で愛犬とくつろぐ。

暁星高校時代。制服姿で下校する萬之助。

立役と女方

初代は自身が座頭の「中村吉右衛門劇団」を率いる立場にあった。劇団には初代の下に、娘婿で時代物の武将役などが得意の白鸚、初代の相手役として頭角を現した女方の六代目歌右衛門、初代の弟で世話物などに優れた十七代目勘三郎という人気、実力を兼ね備えた三人がいた。以降の劇団は、彼らを中心に運営されることになる。

「初代の弟子は全部、実父のところに来ました。高麗屋（幸四郎家）と播磨屋（吉右衛門家）を双肩に担うことになり、大変だったと思います」

萬之助少年の身にも変化がきざした。

「初代存命中の僕は吉右衛門の跡取りです。みんなが『若旦那、若旦那』とゴマをすって遠慮し、こっちもいい気になっていた。ところが初代が亡くなれば、ただの高麗屋の弟の子役。周りの扱いも変わる。それが分かってから、明るかった性格が暗くなっていきました」

名のある歌舞伎俳優の家に生まれれば、道は自動的に開けるもの、と思われる向きもあるかもしれないが、それほど簡単ではない。少年期からの、熾烈《しれつ》な競争社会なのだ。

翌年の一九五五年九月に東京・歌舞伎座で「中村吉右衛門一周忌追善」公演が行われ、萬之助は「山姥《やまんば》」の怪童丸《かいどうまる》を踊った。足柄山の山中に隠れすむ山姥と後に坂田金時（金太郎）となる、その子、怪童丸の姿が山樵《やまがつ》をからめて描かれる舞踊だ。山姥は歌右衛門がつとめた。

踊りは藤間流宗家の二代目勘祖（六代目勘十郎）の指導を受けた。舞踊史に残る名振付家である。

「徹底的に厳しく仕込んでくださいました。今のように背が高くなくて体つきも踊りに向いていたし、好きだった。宗家も、僕が踊りで何とかなって行くんだろうと見てくださっていたのではないですか。写真を見てもいい形をしている。ある時から踊りがだめになったんでしょうね（笑）。『うまく踊らなくていい。形々をきちっとやればいい』と教えられました」

怪童丸は好評であった。演劇評論家の三宅周太郎は「芸だちがいい」（毎日新聞）、浜村米蔵は「振りもセリフもきっぱりして、さながら自然児のようにこせこせしないのが嬉しい」（「演劇界」）と評している。

この「山姥」と同年十二月の「戻駕《もどりかご》」のたよりの二役の成果により、萬之助は一九五六年二月に毎日新聞社が主催する「第八回毎日演劇賞」（現・毎日芸術賞）の特別賞である「演技別賞」を受賞した。小学校五年生の十一歳。異例の若さでの受賞であった。

「天分のゆたかさと、それをよく生かしたしつけのきびしさによる結果とを、ぼくは、ふかく感じた」と審査委員の劇作家、久保田万太郎は選評で絶賛した。

報せを受けた本人が「お相撲だって師匠や親方をまかすのが名誉なんだもの。お父さんより先に賞をもらったのは僕の親孝行だ」と、誇らしげに受賞の弁を述べているのが微笑ましい。

もうひとつの受賞対象となった「戻駕」は江戸の天明時代に初代中村仲蔵が初演した舞踊である。京都の紫野で駕籠から降り立ったのは禿《かむろ》のたより。与四郎（実は真柴久吉＝豊臣秀吉）、次郎作（石川五右衛門）の二人の駕籠かきと廓の様子を踊りで見せる。与四郎は市川團子（現・猿翁）、次郎作は染五郎（現・幸四郎）であった。

たよりは、初々しい少女。今の吉右衛門の役柄からは想像しにくいかもしれないが、ほっそりとして可憐《かれん》なたよりの写真を見れば、納得がいく。だがそれでも本人は、小学生当時から身長が高かったこともあり、女方には強い抵抗感を持っていた。

自著の『半ズボンをはいた播磨屋』（淡交社）には「女になる恥ずかしさと体を殺

すことの辛さの二重苦なのです。（略）女形は内に向って体を責めるのです。（略）ことに膝と膝がくっついていないと形にならない」とある。

怪童丸と同じく、二代目勘祖が指導にあたったが、「何度やってもできず、とうとうお師匠さんは、私の両膝の間に手拭をはさみ、落とさないで踊るようにと命じられました」。

藤間流宗家の二代目勘祖は一九九〇年に九十歳で没した。歌舞伎俳優から舞踊家へ転じて振付師として活躍し、文化勲章も受章した。歌舞伎界では尊敬と畏怖《いふ》を込め、「宗家」と呼ばれた存在である。吉右衛門は「恩人のお一人です」と話す。

宗家は、たとえ数十人単位の大人数での稽古でも隅々まで目を配り、後ろの端にいる踊り手が振りを一手間違えても、「そこは違うのよ」とすかさず指摘したという。「どうして後ろが見えるのかを尋ねたら、『一点を見ていたら見えなくても、ぼーっと広くとらえたら、後ろまで見えるの』。武術でもそういうことがあるらしいです」

特訓の成果はあった。三宅周太郎に劇評で「萬之助が出色の出来で、この少年は前途有望、大成する気がする」（毎日新聞）と激賞されるほどで、翌年の賞にも繋がった。

だが、公演中に、個人的には大きな出来事があった。たよりは、駕籠かきから中に声をかけられ、「あーい、あーい」と愛らしく返事をして登場する。初日から何日間かは「いい声が出ていた」。ところがある日、突然声が出なくなった。「壊れた法螺貝《ほら》のような低いだみ声」（同書）とは本人の表現である。客席からは笑い声がもれた。突然に訪れた変声期であった。

「小学生のころには身長が百六十センチ近くありました。背の順に並ぶといつも一番後ろでした。でかいのが半ズボンの制服にランドセルでしょ。照れ臭くてね」

一九五五年当時の十一歳男子の平均身長は、百三十三・九センチ（文部科学省学校保健統計調査）。子役としてはかなりの長身であった。

一九五六年四月に歌舞伎座で「都鳥廓白浪《みやこどりながれのしらなみ》」の梅若丸を演じた。さらわれて殺される薄幸の少年だが、抱いて投げるはずの忍ぶの惣太役の初代市川猿翁（当時・猿之助）は萬之助少年の重さに「勘弁してくれ」と音を上げ、「転がされました」。

以降も背は伸び続け、ますます女方が嫌になった。

「美輪（当時・丸山）明宏さんが芸能界に出ていらしたころです。シスターボーイ（女性的な少年）なんて言葉がはやり、男子校でしたから、女方で舞台に出れば『おい、おかま』と同級生にからかわれた」

歌舞伎俳優が、体の活《い》け殺しを覚えるのには女方の修業が役立つ。また、初代吉右衛門の祖父、初代中村歌六は「傾城《けいせい》歌六」と呼ばれた女方である。

「高麗屋の跡継ぎの兄貴（幸四郎）は立役と決まっていましたが、僕はどちらに進んでもいいように女方もさせられました」

暁星中学に入学した年の一九五七年六月に新橋演舞場で演じたのが「隅田川《すみだがわ》続俤《ごにちのおもかげ》（法界坊）」の野分姫《のわけひめ》。法界坊に殺されるお姫様である。

「女らしいシナを作るのが嫌でたまらず、大股でスタスタ花道を歩いたら、法界坊役の中村屋のおじさん（十七代目勘三郎）に怒られてねえ」

ささやかな抵抗であった。吉右衛門の現在の身長は百七十八センチ。高校入学時には既に同じだけの高さがあった。

「バランスよく伸びれば良かったのですが、細くてひょろひょろで顔も小さいし、腰の位置が高いから袴《はかま》を穿《は》いても形が悪い。体形のすべてが歌舞伎役者向きではないと随分悩みました」

二代目吉之丞も「お若い時は『顔が大きくなりたい』っておっしゃっていました」と証言した。確かに昔は、背が低く顔の大きな俳優が多かった。「かさね」の与右衛門で足を出して踊る白鸚を見て、五頭身ぐらいではないかと思った記憶がある。錦絵のようであった。

吉右衛門にとっての長い苦しみの始まりであった。その時、実父、白鸚もまた、迷いの最中にあった。初代吉右衛門の没後三年。衣鉢を継ぐ「吉右衛門劇団」が、一枚岩とは言い難い状況になりつつあったのだ。

劇団を率いる三人のうちで、歌右衛門と十七代目勘三郎は一九五五年の東京宝塚劇場の第一回「東宝歌舞伎」に参加。映画スターの長谷川一夫、当時は東宝に所属していた中村扇雀（現・坂田藤十郎）と共演するなど独自の活動を始めていた。暁星中学時代の学業成績の良さと端正な舞台ぶりから「優等生」と言われてきた白鸚一人が、流れから取り残された感があった。

その中で白鸚も、ついに新しい試みに乗り出す。劇作家の福田恆存の作・演出による一九五七年八月、東横ホールでの「明智光秀」の上演である。元来が白鸚を想定して書かれた作品で、自身も歌舞伎化を望んでいたが「（上演）時間の長さや、劇団の内部事情などから上演未定」（毎日新聞）になっていた。それが福田からの働きかけで、文学座に白鸚一門が加わる形での「新劇史上初の歌舞伎との合同」（「文学座史」）公演として日の目を見ることになった。

新劇とスクリーン

「明智光秀」上演は、演劇界注目の大ニュースであった。三宅周太郎は「新劇と歌舞伎の合流――。いつかはきたるべき宿題であった。それが、東横ホールで文学座と松本幸四郎とによって、初めて実現せられたのは福田恆存氏のような、たくましい新人でいて、歌舞伎にも興味のある戯曲家があるからだ」（『歌舞伎の星』布井書房）と記している。

当時の高揚感が分かる。「マクベス」を下敷きに、光秀の謀反から最期までを描いた作品であった。演出家であり、シェークスピアの翻訳家であり、さらには保守派の論客として知られた福田も、まだ四十歳代前半の若さだった。

光秀が白鸚、妻皐月と妖婆が杉村春子、織田信長が芥川比呂志、羽柴秀吉が二代目中村又五郎、斎藤内蔵之助が宮口精二、小栗栖の長兵衛が三津田健で、萬之助は明智光慶と森力丸、染五郎は森蘭丸を演じた。文学座の「若手」の北村和夫、加藤武、岸田今日子、神山繁らが脇を固めた。公演は九三・九パーセントの大入りを記録した。

萬之助にとっても刺激に富んだ日々であった。「歌舞伎界では新作物といっても、稽古は五日間もやればよいほう」（『半ズボンをはいた播磨屋』）の時代に、四十日近い稽古があり、自身も、稽古場の文学座アトリエ（東京・信濃町）に通った。

「当時の歌舞伎の稽古場は、厳しく張り詰めていました。役者は羽織袴です。舞台初日まで自分の手の内を見せないし、偉い人たちは隣の部屋で火鉢にあたりながら音だけを聞いて『あんなことをやっている。あれはいけませんよ』なんて話している」

文学座の稽古場は正反対であった。

「笑い声が絶えず、寝っころがって見ている人もいれば、外で発声練習をしている人もいる。何か食べている人までいた。もちろん女性もいらした」

座頭が舞台に目を配り、演出家的役割を果たす歌舞伎には、原則として演出家が存在しない。ところが文学座の稽古場の真ん中には「パイプをプカプカやりながら、福田先生がいらっしゃる」。

驚きの目で周囲を見ていた萬之助について杉村春子は「黙ってる子でしたよ。びっくりするぐらい黙ってる子だったの」（『女優杉村春子』大笹吉雄著／集英社）と述懐し、福田は「演出家としての私は偶々聲変わりの時に当っていたこの少年を庇ふ事に気を配ってゐた事しか記憶にない。だが、謙虚ではにかみ屋で、そのくせ何処か鷹揚な人柄に心を惹かれて、これは大器晩成だなと人に洩した事を憶えてゐる」（現代若手歌舞伎俳優集『中村吉右衛門』日芸出版）と記している。

初代の没後三年。「冗談を言って人を笑わせて」いた少年は、「びっくりする」ほど無口な子になっていた。

この共演でカルチャーショックを受けたのは歌舞伎側だけではなかった。文学座の若手俳優たちは、歌舞伎界の風習に興味津々であった。ことに座頭である白鸚の威風堂々ぶりと周囲の厳かな扱いに関心を持った。彼らは「幸四郎ごっこ」という遊びを始めた。ジャンケンに勝った一人が幸四郎になり、負けた俳優がタバコに火をつけたり、後ろから団扇《うちわ》であおいだり、お茶を差し出したりして幸四郎役の世話をするのだ。

ある日、白鸚夫妻は出演者をねぎらうために当時住んでいた名建築家、坂倉準三設計による豪邸でパーティーを開いた。

「三十人位いらっしゃいました。庭がわりと広くて築山があった。北村和夫さんが、『俺は狂うぞ。なんでここに築山があるんだ』と叫んで駆け回られて。もちろん『幸四郎ごっこ』もなさいました。エスカレーターといって屛風《びょうぶ》を置き、二人が後ろに回り、体を屈《かが》めて片方が上がってくるところ、片方が下がってくるところを見せたり。加藤武さんは北村さんが小学生の時に書いた作文というのを即興で読んでみせる。『今日はおやじから小便をたくさんもらった』『小遣いと小便を間違えて書いたんですよ、この人は』とか言ってね。北村さんと加藤さんが掛け合い漫才みたいだった。芥川さんなんて龍之介さんの息子さんでしょう。端正なお顔でね。皆さん演技も理論もすごくてエリートみたいな方ばかり。笑いの中にもインテリジェンスがある。僕が大学に行こうと思った理由のひとつにこの時の経験があったかもしれない」

前後して映画にも出演した。最初が一九五六年公開の「続源義経」。主演の義経は初代の弟、三代目時蔵の四男で映画スターとなった萬屋錦之介（当時・中村錦之助）。吉右衛門は異父弟、良成の役。母の常盤御前は山田五十鈴であった。

「良成が鎧兜《よろいかぶと》で馬に乗って出陣する時に、僕があまりに引きつった顔をしていたものだから試写会で笑われた。それが恥ずかしくてもう映画なんて一生出まいと思いました」

だが、請われて次の映画に出演した。今井正監督の「夜の鼓」。一九五八年に公開され、キネマ旬報ベストテンの六位、ブルーリボン賞の十位に輝いた名作である。上方歌舞伎でも上演される近松門左衛門の「堀川波の鼓」が原作で、脚本は橋本忍と新藤兼人。独立プロの現代ぷろだくしょん製作であった。

鳥取藩納戸役小倉彦九郎が、参勤交代の供で国許を留守中に、ふとしたことから妻のお種は鼓の師匠、宮地源右衛門と過ちをおかしてしまう。彦九郎は妻を斬り、宮地を討つ。彦九郎が三國連太郎、お種が有馬稲子、源右衛門が森雅之、磯部床右衛門が金子信雄の配役で、萬之助はお種の弟、文六を演じた。記録によると撮影は一九五七年十月から翌年の四月まで行われている。

「撮影は冬の京都。楽屋はプレハブで、そこに何人も並んでメークをしました。監督が有馬さんのワンシーンを何度も取り直したし、三國さんが仇討ちで踏み込んだ時に、森さんの鼓師が投げつけた煙草盆の灰を被《かぶ》る場面では、被り方がだめだと言って、灰を全部取り除き、衣裳も着替えさせて撮影を繰り返す。舞台では考えられないことです。映画は大変だなと感じました」

有馬稲子はその時の撮影の様子をこう語っている。「桃祭りの夜、お種に言い寄った磯部が種に断られ、ならば『共に死のう』と刃を突きつける。『待って！』と言う種。この『待って！』にOKが出ないのです。朝スタジオ入りして、夕方まで『待って！』の連続。短い台詞ですからね。三〇〇回どころか、五〇〇回位やったと思います」（『今井正「全仕事」』映画の本工房ありす）

共演者にも影響を受けた。中でも森雅之には心引かれた。二枚目俳優の森は一九一一年生まれ。作家の有島武郎の長男で、画家の有島生馬、作家の里見弴を叔父に持つアカデミックな家庭の出身。旧制高校時代に演劇を始め、京都大学文学部哲学科を中退して俳優となった。文学座、民藝、新派などの舞台や映画で幅広く活躍し、一九七三年に亡くなった。映画の代表作に成瀬巳喜男監督「浮雲」、溝口健二監督「雨月物語」、黒澤明監督「白痴」「羅生門」などがある。

「格好良くてね。ご自分でチューンナップした車に乗って、テニスがお得意で。やることが日本人離れしている。『あんな風《ふう》になれたらいいな』と思い、似合いもしないのに、かぶっていらっしゃる帽子をまねたりしました。お芝居がうまいし、インテリで話す内容も素晴らしい。知り合いが舞台に出ているので頼まれて見に行ったら『フランス人の役なのに、指で輪を作ってオーケーとやりやがるんだ。ダコールとかボンとか言い方があるだろう』。なるほど、芝居とは、そこまで考えるものなんだと思いました」

森が女性に大変もてたことは今日までの語り草となっているが、萬之助少年もそれを間近で目にした。

「ある日、『テニスを教えてやるよ』と言われ、喜び勇んで京都の二条城近くのテニスコートに連れて行っていただくことになりました。そしたら森さんのスポーツカーに女性が乗っている。僕は隠れ蓑《みの》だったのではないでしょうか。女性と森さんがテニスをするのをぼんやり見ていました。途中で『やってみるか』と言われ、ちょっとだけ打たせていただきました」

成人してから今井監督と顔を合わせる機会があった。

「『君は天才少年がいるという触れ込みで来たんだよ』。『実際はどうでしたか』。『ただの子役だったよ』。毎日演劇賞を受賞したので、そんな評判が立っていたんでしょうね」

自主公演

白鸚が「明智光秀」に続く強烈な二の矢として演劇界に放ったのが、文楽の八代目竹本綱大夫、十代目竹沢弥七と組んでの「嬢景清八嶋日記《むすめかげきよやしまにっき》」の三段目「日向嶋《ひゅうがじま》」の自主公演である。初演は一九五九年四月二十七、二十八日の新橋演舞場であった。

昭和期を代表する義太夫節の名人の一人である綱大夫は「明智光秀」の舞台を見て感激し、白鸚に「次は歌舞伎と文楽で」と申し出た。題材は初代吉右衛門が上演を切望しつつもかなわなかった「『日向嶋』で」と、そこまでは順調に運んだ。だが後には、越えねばならない大きな壁が立ちはだかっていた。

文楽では語りは太夫の専権に属し、たとえ外部出演であっても、歌舞伎の竹本のように語りと俳優の台詞を共存させることは原則として許されなかった。相互の乗り入れが難しい理由はそこにあり、新劇との合同公演以上の難事業といえた。

綱大夫が所属する文楽因協会内部からも公演を問題視する声が上がり、「日向嶋上演」は新聞紙面もにぎわせる大騒動となった。だが綱大夫は協会を説得した。「義太夫の文句は一言一句変更せず、語り口は決して妥協しない」(『でんでん虫』竹本綱大夫著/布井書房)ことを条件に、敢然と押し切って初志を貫徹させた。

「よくできたなあと今でも思います」と吉右衛門は感嘆する。

源平の時代。平家の滅亡後、盲目となって日向嶋に配流された武将、景清の元を、身を売って路銀を調えた娘糸滝が訪れるが、景清は自分の正体を明かすことなく別れる。親子の情愛と別離が描かれた悲劇だ。

白鸚の景清、大谷友右衛門(四代目中村雀右衛門)の糸滝で、染五郎が里人実は天野四郎、萬之助が里人実は土屋郡内という鎌倉方の隠し目付けを演じた。

「台詞はちょっとしかありませんでしたが、綱大夫お師匠さんに稽古をしていただいたのがいい経験になりました」

公演前年には早くも準備が開始された。綱大夫の浄瑠璃のテープを聞きながら、人形の名手、桐竹紋十郎が景清の人形を遣うのを全員で見学し、俳優の場合はどう動けばいいかを検討した。

「景清の人形が真っ赤な目をぱっと開くところを側《そば》で見ると迫力がありました。役者と太夫さんがどこをどう受け持つかを話し合い、時には将来の文楽や歌舞伎にまで話が及びました。聞いているだけでも大変な刺激でした」

『でんでん虫』によれば、「同年一月以来早朝又は本公演終演後を利用して稽古が積み重ねられ、いよいよ四月の二十五日には舞台をちゃんと組んで、本衣裳を付けて初日通りの舞台稽古」をしたという。白鸚は四月一日から同二十五日まで歌舞伎座の夜の部の最後で「勧進帳」の弁慶を演じていた。それと並行しての稽古であった。大変な気力である。白鸚は人形を参考に赤いコンタクトレンズを目に入れて舞台に臨み、演技は称賛を博した。

「本番では綱大夫、弥七師匠とおやじの気迫に圧倒された。最後の拍手ではお客様が立ち上がってね。三島由紀夫さんもみえていました。感激しました。その雰囲気は今でも忘れられない」

戸板康二は「前半の演出では、二十数分のひとり舞台を、幸四郎の主人公が、充実した心理演技で、時間の長さをすこしも感じさせなかった。綱大夫の語る曲節が、目立たぬほどのわずかな動きを支えて、量感を一層高める」（東京新聞）と評している。

「この芝居をなんとか歌舞伎でも残したいと思った」と吉右衛門。同じ題材で自身が筆を取り、二〇〇五年十一月に歌舞伎座で上演した「日向嶋景清《ひにむかうしまのかげきよ》」は、この時からの長い思いの結実であった。

白鸚は「嬢景清八嶋日記（日向嶋）」の舞台成果により、一九五九年度の第一回「毎日芸術賞」（毎日新聞社主催）を受賞した。

受賞に際して白鸚は、「従来の歌舞伎の義太夫狂言について新しい疑問や新しい課題の多くをえ、本然の姿を追求する新しい態度を発見しえたような感じがしているのです」と公演の手ごたえを語っている。

その言葉からは、今後の歌舞伎のあるべき姿と自身の方向性を見出そうと挑戦を続ける断固とした姿勢がうかがえる。その白鸚に吉右衛門は、勝者たる源家に組せず、最後まで平家の武将たろうとした景清が重なって感じられると話す。

「実父は信念が変わらなかった人です。これはせがれたちにとっては心強い。あっちになったり、こっちになったりグラグラする人もいるでしょう。そうじゃない。ずうっと同じ道を行って、ついて来いと言わんばかりの姿を見せる。だから尊敬できる」

「仮名手本忠臣蔵《かなでほんちゅうしんぐら》」の大星由良之助（大石内蔵助）を得意としたのもうなずける。その白鸚が「信念」のため、熟慮の末に一門を率いて大きく舵《かじ》を切る日が近づいていた。

だが、その前に、実父の背中を見つめつつ精進を続ける萬之助にとり、画期となった公演について記しておきたい。

「兄貴（現・幸四郎）と、そのころ家に一緒に住んでいた実父の弟子の（松本）錦吾（当時・錦弥）が『二人で研究会をやりたい』とおふくろに相談し、内緒で事を進めていました。年下の僕は無視されていたのですが、聞き耳を立てていて気付き、『どうして入れてくれないのか』と主張して何とか加えてもらいました」

一九六〇年三月二十八日、文京公会堂での幸四郎一門の勉強会「木の芽会」の第一回公演はこうして開催された。演目は萬之助の大蔵卿による「一條大蔵譚《いちじょうおおくらものがたり》」と染五郎の勘平による「仮名手本忠臣蔵　五、六段目」に決まった。

「一條大蔵譚」は、「鬼一法眼三略巻《きいちほうげんさんりゃくのまき》」の一段。平家全盛の世に、亡き源義朝の妻であった常盤御前を妻とした公家の大蔵卿は、源氏に寄せる本心を隠すために、おろかなふりをして日を送る。源家の家臣である鬼次郎夫婦が常盤御前の心底を探ろうと館に入り込んだ日、大蔵卿は初めて本性を見せる。初代の当たり役への挑戦で、初代の弟である十七代目勘三郎に教えを受けた。

「成長期で、骨の成長に筋肉が付いていかなかったせいか、当時はいつも足が痛かった。正座をしてお話をうかがうわけでしょう。台詞回しからやっていただいている間に、余《あま》りの痛みに涙が出てきた。おじさん（十七代目勘三郎）は、できないので何度もやり直しをさせたから、悲観して僕が泣き出したんだと勘違いされて『大丈夫だよ。今にうまくなるから』とおっしゃってくださいました。そういう優しさのある方でしたね」

会場選びからチラシやプログラムの作成など、全部自分たちで行う、まさに手作りの公演であった。

「一條大蔵譚」の大蔵卿は本心を明かす際に、浄瑠璃（竹本）に乗ってさまざまな動きを見せる。幼児のごとき愚かさを装っていたそれまでから一転しての、きっぱりとした姿が見どころとなる。

竹本の太夫と三味線にとっても大曲だが、「木の芽会」第一回公演の本番直前に、予定されていた三味線方の出演が事故で難しくなった。その際に代役を買って出たのが、初代吉右衛門の舞台で長く三味線を弾いていた竹澤仲造であった。

「稽古の時は、自分が踊って三味線が後から付いてくる感じだったのが、仲造さんになったら三味線が踊らせてくれた。初代の大蔵卿を弾いていた時と同じ気持ちにならられたのではないでしょうか。文楽の三味線方が大夫と一体になるように、役者と同じ気持ちになって弾いてくれるのが理想的な歌舞伎の竹本の三味線です。義太夫の素養のあった初代が、そこまでに仲造さんを育てたのでしょう」

中学校三年生。常盤御前という妻がある大人の役への十五歳での挑戦であった。演劇評論家の大木豊は「とにかく元気いっぱいである。セリフも一つ一つ教えられた通りに、（中略）イキづかいのハシに至るまで、デッサンをまず大切にといった行き方が、なにはさておいても慎重そのものである。（中略）だが、こわいもので、全体にどっしりとした風格は、これが十代の青年とは到底思えないフシも散見されるのだから、たいしたものである」（「演劇界」一九六〇年五月号）と評している。

萬之助と辰次郎と

子役から脱しつつあるこの時期には、また私生活での行動も歌舞伎界から外へ急速に広がり、やや背伸び気味に大人の世界へと乗り出していた。

「中学生のころにはスーツを着てネクタイを締め、赤坂などのナイトクラブに通い出しました。体質的にお酒はあまり飲めませんが、ホステスさんとダンスをしていた。身長はわりと大きかったのですが、もっと背の高いホステスさんもいる。背伸びをしてチャールストンなんかを踊っていると疲れてくる。『この子かわいい、震えてる』・

なんて言われたりしました。明け方まで遊び、学校の授業中に寝ていたこともある。もちろん楽しかったですよ」

クラブ遊びの指南役となったのが、松竹映画所属の二枚目スター、森美樹であった。映画の共演で知り合った白鸚にかわいがられ、染五郎、萬之助兄弟を方々へ連れて行った。

「元水泳選手で長身の体育会系の好青年でしたが、事故で早くに（一九六〇年）亡くなられました」

二十六歳の若さであった。出演作には「武士道無残」（同年）や白鸚と共演した「花の幡随院」（一九五九年）などがある。

自動車の運転免許もこのころに取得した。

「当時は小型免許なら十六歳から取れました。だから誕生日のその日から、小金井の教習所に、おやじの自家用車で運転手さんに連れて行ってもらって通い始めました。親には内緒ということになっていましたが、本当は全部ばれていたんでしょうね。取ってからは国産の中古車を買ってもらいました」

吉右衛門は「小学校の時はわりと成績が良くて優等生だったのが、中学校に入ってちょっとぐれ出した。体が大きくて強そうに見えたせいか、不良連中からも一目置かれていたみたいです」と苦笑気味に当時を振り返る。だが、そんなつかの間の息抜きをしたくなる理由は幾つもあった。

顔が小さく、背が高い自分は体形的に歌舞伎俳優に向かないのではないかという悩み、同じ道を進む二歳違いの兄と常に比較される憂鬱《ゆううつ》。すべてが吉右衛門という大名跡を継ぐにたる俳優にならなければいけない重圧に起因していた。

寄り道ついでに、もう少し。中学校に入ると音楽にも興味を持ち出した。当時はやりのモダンジャズにひかれ、学内に同じ趣味を持つ友人ができた。稽古事と劇場通いで交友関係が限られていた萬之助にとっては初めての友人だ。交友は現在まで続いている。ギターを買い、ベースを弾き、ピアノを習った。新しい世界は、ここにも開けていた。

「バラが咲いた」などで知られる歌手のマイク真木が率いたグループ、マイクスに「ランブリン・マン」という曲がある。放浪者の心情を描いた歌で、一九六七年のデビューシングル「野ばらの小径」のB面だ。

作曲は村井邦彦。「翼をください」(赤い鳥)や「或る日突然」(トワ・エ・モア)、「エメラルドの伝説」(テンプターズ)、「虹と雪のバラード」(トワ・エ・モア)などの作曲者で、荒井(松任谷)由実やYMOを世に送りだしたプロデューサー、そして

「アルファ・レコード」の創立者でもある。

だが、ここで重要なのは、村井が暁星中学時代に、萬之助に初めてできた親友だということだ。

「小学校から一緒なんだけれど、そのころはあまり深い付き合いはありませんでした。中学に入り、ジャズに興味を持つ仲間が集まるようになり、レコードの貸し借りから始まり、しまいには放課後に彼の家に集まるようになった。お兄さんも音楽好きでしたから、一緒にお兄さんがドラム、彼がベース、僕がピアノを弾いたりした。気が合ってサルトルとかカミュとか読む本も一緒。ちょっと気の利いた人は実存主義の小説を読んでいるという時代でした」

しまいには僕は彼の家の住人みたいになっていました、と村井は温顔をほころばせる。

「モダンジャズがはやっていたころでした。村井家に行って彼がピアノを弾いて、もうひとりの友達がフルートを吹いて、僕がベースを弾いたりした。ピアノも習った。バイエルもやりましたよ」と吉右衛門。

村井は白鸚家にしばしば泊まり、二人でいろいろな話をした。

「進路を自分の意志と関係なしに決められている彼を、かわいそうだなと思った。僕は父から何でも好きなことをやれと言われ、親の職業を継げなんて命じられたことは一度もありませんでした」

中学生のころには吉右衛門から進路の悩みを相談されたこともある。

「随分無責任なことを言っていたかもしれない。『やめちゃえ、やめちゃえ』とか(笑)。彼は一週間位考えていたかな。当時は真剣に悩んでいるみたいだった。勉強もできたし、文学者か何かになりたかったんじゃないか。背も大きいし、彼は同級生の中では圧倒的に大人びていた。一目置かれていたよね」

村井は吉右衛門を「波野君」、あるいは「辰次郎君」と呼ぶ数少ない一人だ。その波野君がどんな人間かを尋ねると「寡黙、誠実」と答えが返ってきた。二十代前半のころ、二人でサウナに行き、吉右衛門がモモヒキを穿いているのを目にした。

「こちらも格好をつけたい年代でした。若いのに何でそんなの穿いているんだ、と言ったら、『いい役者になるのには時間がかかる。せっかくいい役者になった時に体を壊してしまっていたら仕方がないから、大事にしている』。その言葉が印象に残っています。すごい人だと思った」

「ランブリン・マン」の作詞は波野久信。中村吉右衛門その人である。襲名後の当時は本名も辰次郎であるはずなのに、あえて久信としているのは「照れ」からか。それとも同名の初代への遠慮か。

「京都で撮影中の僕に村井から電話があり『B面なんだが急がなければならない。何か詞ができないか』。即座に作って電話で伝え、スタジオで録音に立ち会いました。『当たったら、印税で大変だぞ』と言われましたが……」と吉右衛門は苦笑する。

詞の一番を紹介してみよう。

Ramblin' Man
どこまで　ゆくのか
たった　ひとつの花を求めて
たった　ひとつの幸せ求めて
重い足をひきずりながら
あてもない旅にさまよう
Ramblin' Man　Ramblin' Man

「ランブリン・マン」は「マイク真木アンソロジー1966－1999」（二〇〇六年、テイチクエンタテインメント）に収録されている。

東宝入り

東京宝塚劇場で一九六〇年十一月に井上靖作の「敦煌《とんこう》」が、菊田一夫脚本・演出により上演された。東宝の演劇担当重役でもあった菊田が、「新しい総合演劇」を目指して豪華なキャストをそろえ、大宣伝を打った話題作であった。

その作品に十六歳の萬之助の出演が決まった。主人公の超行徳にかかわる野心家の商人、尉遅光《うっちこう》という大役である。ラジオドラマ「君の名は」や「鐘の鳴る丘」、舞台「細雪」「放浪記」の作者としても名を残す菊田は当時、飛ぶ鳥落とす勢いのプロデューサーでもあった。

「その方が是非にと口説いてくださったのですから二つ返事で承諾しました。あとで母に聞かされたことには、初めのお話は私ではなく兄の市川染五郎（現・松本幸四郎）にあったのだそうです」（『半ズボンをはいた播磨屋』）

主演は映画スターの池部良。八千草薫、高島忠夫、八代目市川中車、三代目市川段四郎ら映画界から歌舞伎界まで幅広い人材がそろえられた。

「弟子も師匠もなく、皆対等で活発に議論し合っていました。そのときの私にはそれがとてもすてきなことに思えました」（同書）と、稽古場の雰囲気に感動も覚えた。

だが公演は順調とはいかなかった。当初から舞台には不協和音が生じ、十月二十九日の初日から十日目の十一月八日には主演の池部が降板し、東宝現代劇の井上孝雄に代わる異例の事態となった。

それをよそに萬之助は実力を発揮した。

「文学座の人たちと『明智光秀』でご一緒した経験が役立ちました。文学座の皆さんは、ちょっと西洋的なしぐさがうまい。歌舞伎の演技に、それを取り入れました」

三宅周太郎は毎日新聞の劇評で「井上の行徳に、中村萬之助の尉遅光が争うシーンは若い力があふれた。声こそ生理的にまだ不調だが、十代の萬之助にあの強烈な意気、才幹の発見は敢闘賞に値する」と称賛している。

だが、この時、内密にある事態が進行していた。その先駆けとして染五郎、萬之助兄弟の松竹から東宝への移籍が決まる。一九六一年一月五日付で専属契約が結ばれたが、『幸四郎三国志』（千谷道雄著／文藝春秋）によれば、同年二月に歌舞伎座で白鸚、十一代目團十郎、二代目松緑の三兄弟が主になっての「七世松本幸四郎追善興行」が予定されているため遠慮して、発表は初日が開いた後の同六日に都内のホテルで行われた。

契約を報じる二月五日のスポーツニッポンには「染五郎、万之助両君は私が前から目をつけていた人で、この二人を中心に新しい芝居作りをしてみたかったのです。つまり東宝独自の歌舞伎の計画です」との菊田の談話が掲載されている。

同七日には兄弟の東宝専属披露パーティーが開催され、席上で白鸚は「従来、松竹と歌舞伎俳優との間にはなんら契約もない。約束だけでやって来たが、これには疑問がある。歌舞伎俳優の契約制度ということについて真剣に考えてみたい」と語った（「演劇界」同年五月号）。その胸には演劇界を揺るがす、さらに大きな決意が秘められていた。

東宝入りは、染五郎、萬之助兄弟にとどまらなかった。ついには父の白鸚も動いたのだ。二月十四日。読売新聞が社会面のトップ記事で「幸四郎の東宝入り」を報じ、演劇界は騒然となった。見出しは「大ゆれのカブキ王国松竹」。白鸚と菊田が銀座の料亭で歓談する写真まで付いている。記事には「きたる十七日、東宝と一年間の専属契約を結ぶことになった」とある。その時の香取松竹演劇担当重役の談話には「幸四郎が子どものためと自分が松竹で吉右衛門劇団を背負ってきた重荷からのがれ新生面を開きたいという二つの理由から東宝に移りたいと決心していることは前からきいているし、菊田さんから話もあった」（同紙）とある。

新聞各紙が後を追い、報道通りに同十七日、新橋のホテルで、白鸚、染五郎、萬之助親子と高麗屋一門、二代目又五郎、中村芝鶴ら二十五人の歌舞伎俳優と東宝の専属契約の発表がなされた。後には二代目市川猿翁の叔父である八代目中車も加わっている。

「僕が『敦煌』に出ている間に、水面下で話が進んでいたようです。発表の前に、おやじから説明がありました。『先代の幸四郎も帝劇で歌舞伎をしていた。今回もそれをやるんだ』と話していましたね。当時は言われるがままに生きていた。東宝で歌舞伎をやるようになるんだなと思っていました」と吉右衛門は振り返る。

歌舞伎は長きにわたり、松竹のほぼ独占下にあった。過去には東宝が一九三五年に松竹から市川寿美蔵（後の寿海）、市川高麗蔵（後の十一代目團十郎）、中村もしほ（後の十七代目勘三郎）、坂東簑助（後の八代目三津五郎）らを引き抜いて三年で解消した第一次「東宝劇団」があった。それ以来の、規模的にもずっと大きな揺さぶりといえた。

吉右衛門劇団の担当であった後の松竹社長、永山武臣は創業者である大谷竹次郎会長から「のんびりし過ぎるとどやされた。役者を引き抜かれるのは大変な恥、昔は引き抜かれそうになると徹夜してでも見張っていたと言われた」と自著の『歌舞伎五十年』（日本経済新聞社）に記している。松竹の受けた打撃と慌てようがしのばれる。

まずは映画、続いてテレビという娯楽が台頭し、歌舞伎を上演すれば間違いなく観客の動員が望める状況では既になかった。一九五九年には、常に大入りであるため特効薬を意味する「独参湯」と言われてきた「仮名手本忠臣蔵」が、大阪の劇場での吉右衛門劇団主体の公演で散々な興行成績を見せた。

「観客より出演者の方が多かったそうです。相当に厳しいものがありました。舞台が休みの月も多かった。そんなことも実父が東宝行きを決意する要因だったはずです」

生真面目《きまじめ》な白鸚のことだ。悩みも深かったに違いない。「歌舞伎はいま、大へんなところにきている。歌舞伎は、長いこと、松竹特有のものと思われてきたが、そうではなくて、歌舞伎は私たちのもの、日本のものでしょう。それが、いま枯れかかってきた。（中略）枯れかけた歌舞伎をどうしたら生かすことができるか、生かす方法を、私は選ばなければならなかった。その方法は、松竹という温室からとび出すことでした」（「サンデー毎日」一九六一年三月五日号）。悲愴《ひそう》なまでの決意が感じられる。

迎える東宝の菊田一夫は「これまでどおりの歌舞伎ではいけないということは前からいわれている。しかし池の持主は水がよどんでいても、それをかき回すことはできないものだ。そこに石を投ずるのは敵でなければならない。私はその敵にまわって石を投げた。それに賛同してくれたのが高麗屋さんである」（毎日新聞）と極めて挑戦的な姿勢を示していた。

「吉右衛門劇団」からは既に歌右衛門が抜けていた。高麗屋一門が離れたことで、初代の名を冠した劇団は没後七年にして実体を失った。長谷川一夫が中心の「東宝歌舞伎」の第一回（一九五五年）に参加した経験を持つ歌右衛門は、白鸚の東宝入りについて「あの方の芸風は東宝歌舞伎には向かないと思うんです。だから、なんで行くのかな、遠回りしなさるな、と思いました」（『歌右衛門の六十年』中村歌右衛門、山川静夫著／岩波新書）と後に述べている。

白鸚と行動を共にした二代目又五郎は移籍についての心境を「それまでの私というのは、もう子供のころから播磨屋のおじさん（初代吉右衛門）のところにいて、一つの世界しか知らなかったわけです。もう、それに飽き飽きしちまっていたのですよ。だから、一つ、このあたりで、新しい世界へ入って行って、これまで知らなかったいろいろなことを、この目で見たいとおもったんです。それは、たしかに幸四郎さんからさそわれましたけれども、さそわれたから仕方なしに東宝へ移ったのではないんですね。むしろ自発的に移ろうとおもったのです」（『又五郎の春秋』池波正太郎著／中公文庫）と話している。

同書によれば、幼なじみで仲の良かった十七代目勘三郎は又五郎宅を深夜密《ひそ》かに訪れ「きみに条件があれば、おれが松竹へかけ合う。だから、残ってくれ」と説得を試みたという。東宝入りには俳優それぞれの思いが交錯していた。

東宝では白鸚らは「東宝劇団」の名で活動を行うことになった。「東宝歌舞伎」が既に長谷川公演の呼称として使われていたことも理由にあっただろう。

『幸四郎三国志』によれば、東宝側が歌舞伎俳優を迎えるにあたって示した構想は①大劇場を舞台とした新しい娯楽大衆時代劇②新歴史劇の確立③古典としての歌舞伎劇の上演、の三項目であった。

ところが東宝には歌舞伎に適した花道を備えた大劇場は存在しない。菊田は傘下の帝国劇場（帝劇）を改造し、「歌舞伎の殿堂にしたい」（「東洋経済」）と将来的な目標を掲げている。

日本初の洋式劇場である帝劇は一九一一年に開場した。オーケストラピットを備え、オペラや新劇など、さまざまな演劇が上演されたが、開場当初から専属の歌舞伎俳優として六代目尾上梅幸、市川高麗蔵（七代目幸四郎）、七代目澤村宗十郎らを擁し、一九三〇年に松竹傘下となるまでは歌舞伎座と拮抗《きっこう》する歌舞伎の一大拠点でもあった。一九四〇年に東宝のものとなり、戦後は映画館などに使用されていた。

白鸚の脳裏には移籍にあたり息子たちに語った如《ごと》く、帝劇で開場の年に七代目幸四郎を襲名し、飛躍を遂げた父への憧憬があったはずだ。七代目は女優とも共演し、演技指導を行うなど帝劇時代に幅広い活動を行い、成果を上げている。中でも一九一四年四月に帝劇、歌舞伎座、市村座の三座で「勧進帳」が競演された際には、帝劇で梅幸の富樫、宗十郎の義経で弁慶を演じ、歌舞伎座の十五代目羽左衛門、市村座の六代目菊五郎の弁慶を上回る評価を得て弁慶役者の名を決定付けた。

その時代のごとく各劇場を根城に俳優が芸を競って歌舞伎が活性化し、隆盛になることを白鸚は望み、ために未知の世界へも飛び込んだ。後年の対談で、歌舞伎は「何かがなければもたない」ような気がしたと述べ、「僕はモルモットになればいい」(『私の出会えた名優たち』山川静夫著/演劇出版社)と考えたと当時の心境を振り返っている。

萬之助の移籍後初めての舞台は一九六一年四月末の勉強会「木の芽会」第二回公演(日比谷・芸術座)であった。萬之助は、「石切梶原《いしきりかじわら》」の梶原平三、染五郎は「恋飛脚《こいびきやく》大和往来《やまとおうらい》」の忠兵衛を演じた。

梶原は初代の型が残る当たり役だ。

「初代の姿が皆さんの目に残っているし、声も出ないから散々でした。微妙な台詞回しを教わってはいましたが、なかなかその通りにはできませんでした」

鶴岡八幡宮の社頭で梶原平三は、六郎太夫が売りに来た刀の鑑定を大庭に頼まれ、名刀と見立てるが、大庭の弟の俣野は、罪人を二人使った試し切りを勧める。ところが罪人は一人しかいない。六郎太夫は娘の梢を帰し、自分の体を試し切りにと申し出る。二人を重ねた試し切りで、梶原は罪人だけを切る。大庭兄弟が去った後、梶原は名刀だが六郎太夫を助けるためにわざとし損じたと告げ、手水鉢を切って見せる。

「前半は刀の検分、後半は物語（名刀ぶりを語る）が見せ場です。理屈でどうこうできる役ではないですから、いまだに難しいですね」

進路

「この春、松本幸四郎の子息市川染五郎と中村萬之助が、若き歌舞伎俳優として、また若き現代劇俳優として、また若きミュージカル俳優として、東宝に入社いたしました」

菊田一夫は、一九六一年六月の第一回「東宝劇団歌舞伎公演」のプログラムにこう記した。

菊田が染五郎、萬之助兄弟に対して望んでいたのが歌舞伎だけではないことが、この一文からも知れ、旗揚げ公演にも、その意向は強く反映された。

演目は「寿二人三番叟《ことぶきににんさんばそう》」と「野薔薇《のばら》の城砦《とりで》」。「二人三番叟」は宝塚歌劇団の作者であった高木史朗作。振り付けは二代目勘祖（当時・勘十郎）。東宝のオーケストラと野沢松之輔らの文楽三味線方が共演する和洋折衷の舞台で、白鸚の翁、萬之助と染五郎の三番叟であった。

萬之助、染五郎は美術を担当した現代美術の鬼才、岡本太郎デザインの衣裳で登場した。先端に玉が付いた長い鉄線の生えた奇抜なものであった。岡本は「カミシモじゃあなくて、これはカミシモに似て非なるもの。鉄線は空間性を表現しているが羽に見えてはいかん」（毎日新聞）と話している。髷《まげ》も通常とは逆に前に垂れ下がっていた。「カブキは明治以来自然主義になってつまらなくなった。それを奇想天外なことによって昔の魅力をとりもどそうというわけだ」（同紙）

デザインとしては面白いかもしれないが、着る側の気持ちはどうだったろう。

「斬新でした。その衣裳を着て間口の広い舞台を二人で行ったり来たり、跳んだりはねたり。東宝に移って何とか公演を成功させなければと、一所懸命でした。それを毎日二回つとめました」

オーケストラと文楽の太棹三味線との共演では、オーケストラの番になっても定位置に誰もおらず、「三味線のお師匠さんが必死に繋いだ」というアクシデントもあった。

「オーケストラにしろ大道具にしろ、宝塚歌劇やエノケン（榎本健一）さんや越路吹雪さんを主にやってきた方たちです。歌舞伎に慣れていなかったんですよね」

「野薔薇」は菊田作品。江戸時代に、関ケ原の合戦で敗れた武士たちが蝦夷へ移住し、砂金の発掘を始めるが、アイヌと対立。ついには戦いが起きる。頭領の芹沢を白鸚、その二人の息子で兄の隼人を染五郎、弟の平九郎を萬之助が演じた。フランキー堺、榎本健一、越路吹雪、浜木綿子ら共演者も多彩であった。

「悪代官につかまって木に吊《つ》るされ、鉄砲で撃たれて殺される役でした。前に倒れこんだ形で後ろ手に縛られ、落下傘のベルトのようなもので木から吊られていたら、太ももがしまり、二十分もしたら、気が遠くなってきた。気付いたら楽屋に寝かされていました。気絶していたようです。翌日から木に腰掛ける形に変わりました」

三宅周太郎は「この第一回公演では染、萬の二人が優勝である」（毎日新聞）、浜村米蔵は「万之助の平九郎は、風を切って動く潑剌《はつらつ》さがいい」（「演劇界」）と評している。

ただ白鸚については「問題は幸四郎だ。近年彼は古典物、新歌舞伎、新劇にすら秀作佳作を多く出したインテリ俳優だ。といって彼に古典物のみに没頭しろと主張はしない。新事業に手をのばすのは賛成だ。しかし、この作の主役芹沢は、せっかくの才能を発揮しないうらみがある」（三宅）と懸念を表明している。これが大方の見方だったと思われる。

兄の染五郎は一九六一年の東宝移籍の年に早稲田大学の文学部演劇科に入学した。歌舞伎俳優の大学進学が珍しいころで、マスコミには大きく取り上げられた。染五郎の存在は新時代のスターとしてクローズアップされつつあった。

「兄貴が早稲田大学に合格した時にはマスコミも大騒ぎでした。そのころの僕は、優秀な兄貴とことごとに比べられ、役者としても人間としても全く自信を持てませんでした。年齢的にも中途半端で芝居の役もつかなかった。役者に大学なんて必要ないと思っていたから、受験をする気もあまりなかった。ところが、ばあばあに泣きつかれたんです」

高校三年生の夏休み前。多忙な白鸚夫妻に代わり、学校へ萬之助の進路指導の面接に出かけたたけは、帰宅するなり悲しげな表情で語り出した。

「進学させたいと話したら、校長に『こんな調子で行かせるつもりか』と言われ、悔しかったと。不勉強で生活態度も悪かった僕を発奮させようと、ばあばあは、わざとそう言ったんでしょうね」

その言葉に強い衝撃を受けた。大好きなばあばあに悲しい思いをさせたことが、何よりもつらかった。それから半年。集中して勉強に取り組んだ。

痕跡が舞台記録に残る。一九六二年六月東京宝塚劇場の「花の生涯」の多田帯刀《たてわき》役から翌年四月の芸術座「木の芽会」第四回公演まで舞台を休んでいるのだ。その間の猛勉強ぶりがしのばれる。

フランスを本拠地とする修道会が設立した暁星学園では、小学校からフランス語の授業があった。受験の外国語はフランス語を選択することにし、フランス語と国文の家庭教師を付けた。

「フランス人の友達と文通もしていたので筆記はできる。国語は何とか大丈夫だろうと思ったし、日本史は芝居でもかかわっているので覚え易かった」

親友で作曲家の村井邦彦とは、時に自宅で「合宿」して勉強に取り組んだ。

「スタン・ゲッツのボサノバをかけながら二人で勉強をしていると、妹の麗子ちゃんの部屋からビートルズの曲が聞こえてくる。その奥からは先代吉右衛門夫人の弾く三味線の音。ボサノバとビートルズと三味線が一遍に鳴っている家でした」と村井は振り返る。

気分転換に、二人で散歩をしたこともあった。

「歩きながら歌舞伎を助けてくれたというバワーズさんやドナルド・キーンさんなどの日本学者の話、それに『歌舞伎をどういうふうに見たらいいか』なんて話をしてくれた。非常にグラフィックなもので絵のように見るんだと言っていましたね。最近、彼の舞台を見た時に、その話を思い出しました」

成果は上がり、見事に早稲田大学文学部仏文科に合格した。入学試験の成績はかなり良かったらしい。

「本当は兄貴と違う大学に行きたかったのですが、フランス語受験が可能だったのが早稲田でした。フランス語で受けられたら、村井が進み、友達も多かった慶応大に行っていたかもしれない。最近知ったことですが、慶応も仏文はフランス語受験できたそうです。もう手遅れですけれどね。僕が合格した時は兄のように話題になることもありませんでした」

恋と苦衷

早稲田大学に入学したころ、萬之助は、恋をしていた。相手は一歳年上のフランス人女性。知り合ったのはずっと以前。小学生のころであった。

父はフランス系企業の日本支社長で母はインテリアデザイナー。自著の『物語り』（マガジンハウス）には、自身が小学校四、五年のころに、白鸚ファンで歌舞伎好きのフランス人少女が、楽屋に訪ねてきたことが記されている。

日本舞踊を習いたいという彼女の希望から、稽古場に一緒に通うこととなり、「それがきっかけで仲良くなって、当時唯一のガールフレンドと呼べるような人になりました。フランス人独特の、金髪で小柄で目はブルーという外見」（同書）とある。

「お父様の運転でフランス車のシトロエンに乗せてもらった。当時の日本車と違い、前の方にギアチェンジレバーがあって、車好きの僕は、いいなあと思いました」と懐かしむ。

『物語り』は、一、二年して彼女の一家が父親の転勤で日本を離れ、「その後も何度か来日していて、そのたびに逢う機会はありました」と締めくくられているのだが、実はまだ先があった。

彼女は、萬之助が十八歳のころ、父の仕事の関係で再び日本に住むことになったのだ。

「お付き合いが始まりました。年は一歳上。美人というのではないけれど、コケティッシュな感じの子でした。あちらはフランス語と英語が話せたのですが、僕とはフランス語で会話していました。子供を何人作ろうかなんて話もしたりしました」

先に登場した「フランス人の文通相手」とは無論彼女のことだ。仏語の実力が、メキメキと上がったのも分かる気がする。

「交際を隠さず、よく二人で原宿のあたりを散歩しました。『青い目の歌舞伎役者でも作るつもりかね』なんて、相当皆さんにはサカナにされていたらしい」

彼女はやがて帰国することになった。ちょうど自身が芝居にも人生にも行き詰まりを感じていたころだった。

「後を追ってのフランス行きを考えました。もちろん親からは金を出してもらえないだろうから、彼女のところに転がり込み、ジゴロにでもなろうと思った。それでおやじに『仏文に入ったし、役者をやめてフランス語を勉強に行きたい』と話しました」

白鸚は反対もせず、しかし「何にでもなっちまいな」と吐き捨てるように言い放ち、ぷいと背を向けた。

「その時の後ろ姿のさみしかったこと。ああ、おやじは僕に期待してくれていたんだなと思いました。双肩に波野家（播磨屋）と藤間家（高麗屋）を担い、片方を兄、片方を僕に譲るために努力してくれていたんだと初めて気付いた。それまでの僕には何も分かっていませんでした」

多くの言葉を弄《ろう》されるよりもはるかに強く、実父の思いが伝わった。

「その時に波野家と吉右衛門の名跡をちゃんと継いで、おやじの荷を軽くしてやらなければと思った」

人生における大きな転機のひとつであった。フランス行き断念は吉右衛門襲名（一九六六年）の前年の出来事である。

萬之助は、依然として深い迷いと苦しみの中にあった。吉右衛門の名を継ぐに足る俳優になるという理想と、思うようにならない現実とのギャップが、常に心をさいなんでいた。それを象徴するような出来事が起きたのは一九六四年九月。明治座での東宝劇団の公演中である。

山田五十鈴と香川京子の客演を得た昼夜に分けての五本立てで、萬之助は「原田家の人々」「清盛と常磐」「さぶ」の三作に出演した。前年に刊行された山本周五郎の小説を菊田一夫が脚本化し、演出も担当したのが「さぶ」だ。腕のいい経師職人の栄二、要領が悪いさぶの二人の若者の友情が軸となる作品である。

栄二に染五郎、さぶに萬之助。実の兄弟二人を配した話題の企画だった。染五郎は

「蒼き狼」のテムジン役に主演するなど、売り出しの最中にあった。

「その兄貴を主役で、と菊田先生が考えたわけです。先生お得意の市井の人々の人情の機微を描いた話でした」

だが気は進まなかった。

「さぶはのろまで、あまり頭も良くない。嫌だったわけです。歌舞伎役者になる人間だし、吉右衛門になる人間だし、色気盛りでした。ところがおふくろも兄貴も『さぶが主役だ。タイトルを見よ』と僕を説得しようとする。どう考えても栄二が主役ですが、やらなければいけなくなりました」

だが案に相違してか、思惑通りか、公演は好評だった。各紙で萬之助のさぶの演技は激賞された。「染五郎の栄二、萬之助のさぶとよぶおろかしい職人が、それぞれ個性のある演技で、興味本位のものながらついてゆける。（中略）染五郎と萬之助の使い方の妙で、いきいきした舞台になっている」（毎日新聞）と三宅周太郎は評した。

「ご覧になった山本周五郎先生も大変ご機嫌で、僕ら二人の楽屋までいらした。先生には大変珍しいことだったそうです。『菊田一夫なんて奴《やつ》はオッタンチンパレオロガスだ』『それは何ですか』『オッタンチン国にパレオロガスってどうしようもない殿様がいてな。あんな奴に書かせたらダメだ。今度は俺が台本を書いてやる』。それぐらい喜んでいらした」

だが、世評が良ければよいほどに懊悩《おうのう》は増した。

「こういう役者になるのだろうか、はまり役と言われ、脇の三枚目ばかり演じるようになってしまうのかと。いらいらを抑えるため、毎晩のようにトランキライザー（精神安定剤）とジンのストレートを一緒に飲んだ。そうでもしないとやっていられなかった。とうとう夜中に血を吐いて倒れ、救急車で病院に運ばれました」

今考えればバカバカしいんだけれど、と吉右衛門は微《かす》かに笑った。だが当時は真剣に悩んだ。

「吉右衛門を継がなければならないというのが、トラウマのようになっていた。その人間が現代劇で笑いを取る役ばかり演じるようになっていいのか。でもこの気持ちは、誰にも分かってもらえなかった。おふくろにすら、『役があるだけいいじゃないの。売れてこそ役者なんだから文句を言わないで出なさい』と言われました」

唯一その苦衷を理解し、相談に乗ってくれたのが、正子の母方のいとこでＮＨＫ勤務の山本一次《かずつぐ》であった。

「薬を吐き出させ、救急車を呼んでくれたのも彼でした」

吉右衛門は後に、その娘を伴侶に選ぶ。だがそれは、まだ先のことである。

ばあばあの死

萬之助が一九六四年九月の明治座公演中に吐血し、救急車で病院に担ぎ込まれたころ、もうひとりの母のように慕うばあやの村杉たけも病床にあった。

たけは一九〇八年生まれ。当時は五十代であったが、「七十歳以上に見えました。夫を亡くし、戦争をくぐり抜け、僕らのために毎日三、四時間しか寝ていなかった。老けもするはずです」。

たけは萬之助の命の恩人でもあった。一家がまだ疎開先の日光にいたころのことだ。現・幸四郎の手を引き、背中に萬之助をおんぶして、たけが乗った満員の路面電車のブレーキが突然きかなくなった。電車は前に停車するもう一台の電車に激突。たけは幸四郎を気づかいながら、背中の萬之助をかばってうつぶせに床に倒れ込んだ。萬之助は背中で火のついたように泣いた。二人の子の無事を確認したたけが、少しほっとして隣を見ると、先ほどまで同じように背に赤ん坊をおぶり、並んで立っていた若い母親が、血まみれの子をかき抱きながら泣き崩れていたという。

子供たちを連れ、寺へ帰り着いたたけであったが、今度は自分の背中が痛み出した。

数日間我慢していたが、治るどころか募る一方の痛みに耐えかねて骨接ぎに行くと、ちょうどおぶい紐《ひも》が食い込むあたりの鎖骨が二本折れていた。

「背中の私をかばってうつぶせに倒れたからでしょう。ばあばあが、そうしてくれなかったら、僕は隣の赤ん坊と同じようになっていた。この世にいなかったはずです」

その辛抱強いばあばあが、不調を訴えた時には病気は深く重く進行していた。同年の八月に入院し、大腸がんが判明。腫瘍は卵より大きかった。

「がんで腸が詰まっていた。その大きさになるまでには、何年もかかるんだそうです。相当痛かったのを我慢していたんじゃないかとお医者さんはおっしゃった。ほとんど毎日のように、大学や劇場の帰りに病院に通いました」

手術が終わり、退院したのは十月。本人にはがんであったことは伏せられた。

「完治したと言われて安心していたのですが、再発してしまいました」

翌年三月に再入院した。

「全身に転移し、寝たきりになった。床ずれができるので、僕が手を入れてさすったり、体を伸ばしてあげたり。体の弱かった僕は、小さいころからばあばあに看病されどおしでしたから、お返しをできてよかった」

枕元で思い出話を聞いた。初代吉右衛門家での奉公の話、二人の息子を亡くしたことなど。

「『私は死ぬんでしょ』と聞かれ、『そんなことないよ』と答えても分かっていた。『何で言ってくれなかったの。死ぬのなら、それだけの用意があるんだから』。つらかった。きちっとした人だったから、片付けたいこともあったんだろうと思います」

しまいには何も食べていないのに戻すようになった。点滴で体をもたせはしたが、痛み止めの麻酔による意識の混濁も多くなった。染五郎は四月は大阪の梅田コマ劇場でミュージカル「王様と私」に主演していた。

「自分が舞台の上でシャム王の死を演じ終えると、直ぐさま伊丹の空港から深夜便の飛行機で東京の病院へかけつけ、枕頭につき添って、夜が明けると後を万之助に頼んで一番機で大阪へ戻った」と『幸四郎三国志』にはある。

「兄貴が何回目かに大阪から駆けつけた時に、意識のなかったはずのばあばあが、『お疲れ様』と言って手を握った。それきり目覚めずに亡くなりました。こっちには何もなかった。やっぱり長男がかわいかったのかなと、僕は兄に強く嫉妬《しっと》しました」

看病の合間に聞いたばあばあの人生を書き留め、原稿用紙に記した。だがそれは後に焼き捨ててしまう。

「残しておいたら、念が残ってよくないと言われました。事細かに話してくれたのに、残念なことをしました」

たけは、萬之助の吉右衛門襲名を強く望んでいた。

「大学受験の後にばあばあが病気になり、恋をして役者をやめてフランスへ行こうかというところまでいったのが、おやじの背を見て思いとどまった。そこへばあばあの再発で、看病の間に僕たち兄弟の話を聞いたりした。『吉右衛門になって』と言われましたし、これが僕の義務であり天職なんだと思い定めたわけです」

すべての状況が、萬之助を襲名へと導いていた。

三

初代の遺影を飾り、吉右衛門襲名を発表する萬之助と実父白鸚（右）。

二代目中村吉右衛門（左）と知佐の結婚写真。

襲名発表

萬之助の吉右衛門襲名は一九六五年六月に東宝から発表された。披露公演は、翌年十月の、新築される帝国劇場の杮落とし興行に決まった。

東宝の演劇担当重役であった菊田一夫が「松竹流の古いシキタリにとらわれないで、近代的な東宝らしく新しいやり方で行うつもりです」と気炎をあげた発表の記者会見で「口数の少ないので有名な」萬之助が、「『これからは、兄や先輩の助けで立派な役者になりたいと思います』とだけ語った」（毎日新聞）というのが、いかにもそれらしい。

関係者は、その後新帝劇の工事現場を見学し、先代の墓に詣でたと追記されている。歌舞伎史に燦《さん》たる大名跡を若き花形が二代目として継承する。新聞や雑誌の取材が殺到した。

「さすがの僕も責任感を植え付けられた。それまではおやじを取材し、兄貴を取材し、そのついでに僕という具合だったのが、真っ先になることが増えたわけですから」

当時の「演劇界」のインタビューで「襲名の抱負と心構え」を問われ、「自分をよい役者に育てるよう、修業していくこと。先代と同じではなく、ぼくはぼくなりの吉右衛門を創《つく》り出していきたいと思っています。役者としていい役者になること、これを終生の念願にしています」と答えている。

一九六五年には、その後にも大きな出来事が控えていた。十一月に白鸚の兄、十一代目團十郎が五十六歳の若さで亡くなったのだ。十一代目團十郎、白鸚、二代目松緑の高麗屋三兄弟は協力して同年二月に東京宝塚劇場、同三月に歌舞伎座、同四月に大阪新歌舞伎座で亡父の「七世松本幸四郎十七回忌追善」公演を行っている。

東宝と松竹の垣根を越えたばかりか、東京宝塚劇場では北條秀司、川口松太郎ら人気作家の新作を並べ、歌舞伎座では古典をかける。空前の試みとなった。

歌舞伎座、新歌舞伎座では弁慶、富樫を日替わりで三兄弟がつとめる「勧進帳」が上演され、話題を集めた。三兄弟の拮抗する人気と実力が、可能にした企画だった。音頭を取ったのは長兄の團十郎。その團十郎の早すぎる死であった。

「華ある團十郎、踊りの紀尾井町（二代目松緑）、芝居の幸四郎（白鸚）の三人が手を組めば、こんなに強いものはない。会社や劇団を超えてどんどんやっていこうという矢先で、おやじはショックだったと思います。劇団が違うこともあり、疎遠だった紀尾井町のおじさん（菊五郎劇団所属）の家に行けるようになったのは、それからです」

十二月には京都南座の顔見世に初出演し、代役を経験した。舞踊の大曲「積恋雪関扉《つもるこいゆきのせきのと》」が白鸚の関兵衛、歌右衛門の小町と墨染《すみぞめ》、二代目中村鴈治郎の宗貞の配役で上演されていたが、六日に鴈治郎が病気休演となった。即座に歌右衛門は代役として萬之助を指名した。

それには理由があった。同年十月に名古屋・御園座で同じ演目がかかった時に、萬之助が毎日のように袖（舞台脇）から舞台を食い入るように見つめていたのを知っていたのだ。

「関兵衛をやりたかったからです。女性としけこんでいた宿に朝、電話がかかってきました。決められた宿にいない僕を随分探したらしい。それでもすごいことに、京都という町では分かってしまうんですよ。袖から見ていたと言っても関兵衛ばかり。飛んで行って宗貞の振りを教えていただき、何とかつとめました」

その役を襲名で演じることになる。たゆまぬ努力の賜物《たまもの》といえた。

東宝は襲名を控えた若きスターを売り出そうと現代劇の主演企画も用意した。一九六六年の五、六月。萬之助は芸術座で「赤と黒」のジュリアン・ソレルを演じた。フランス文学史に残るスタンダールの傑作で、野心家の青年、ソレルの恋と挫折を描いた作品だ。『野火』や『武蔵野夫人』で知られる作家の大岡昇平が初めて劇作の筆を取り、菊田一夫が演出し、襲名を間近に控えた萬之助が主演するという文字通りの話題作であった。

当時の新聞に染五郎、萬之助兄弟が二月に大磯の大岡邸に作者を訪問した記事が掲載されている。ソレル役に備えて髪を赤く染め、パーマをかけていた萬之助を大岡は「いゃあ、張り切っているねえ」と激励した。

岸田今日子のマチルド、草笛光子のレナール夫人の配役で、萬之助は、公演に先立つ三月に東宝のスタッフや岸田と共にスタンダールの生家や墓地を訪ねる一週間のフランス旅行をした。

「お金が余ったからと、帰国直前には、みんなで賭博場に出かけました。ホテルのフロントから車で二十分の距離と聞かされて安心していたら、場所はスイス。百キロのスピードで二十分の意味でした。帰りには国境の検問所でパスポートの提示を求められ、携帯していなかったものですから、ホテルのカギを見せて何とか通してもらいました」

豪華な下見旅行であった。一ドルが三百六十円の時代だ。萬之助への東宝の力の入れようも分かろうというものだ。

「ソレルは映画ではジェラール・フィリップ（フランスの夭折《ようせつ》の美男俳優）がやった

役でしょ。今考えるとぞっとしますよね」と話すが、当時の記事には「東宝移籍以来、どうしても上演したかったという萬之助宿願の作品」と記されている。

「サンデー毎日」には見開きで「初の赤毛物」に臨む萬之助の舞台稽古写真が載っている。

「歌舞伎はつくられたもの。ところが赤と黒のジュリアン・ソレルはボクがつくるものです。この小説を最初に読んだときの感動はいまも忘れません。ソレルのようにたくましく生きていく男。それは青年の理想像――あこがれました」と、かなり一途な談話付きだ。

当時の毎日新聞には劇場の客席のほとんどが若い女性だったことが特記され、「それが萬之助が登場しただけで騒ぎ、芝居などそっちのけ。恋がたきのクロアズノア伯（市川染五郎）とフェンシングのけいこをする場面で、萬之助や染五郎が互いに入れかわり、それぞれの顔がよくわかるようになると、とたんにキャーッ。これにも驚かされた」と怒り気味の感想が付されている。まだ二十二歳。襲名を前に人気は高まっていた。

同年四月には十月の襲名披露興行の演目が発表された。東宝としては珍しい二部制を取り、昼の部の「金閣寺」の此下東吉、夜の部の「積恋雪関扉」の宗貞が襲名狂言となった。白鸚、染五郎と東宝劇団の俳優はもちろん、松竹から歌右衛門、二代目松緑、従弟の辰之助（三代目松緑）、市川新之助（十二代目團十郎）らの参加が決まった。新・帝国劇場の柿落とし公演である二代目吉右衛門襲名披露は十月一日にスタートした。二カ月続きの公演を想定していたが、同年十一月に国立劇場が開場するため俳優が確保できずに一カ月公演になったと、菊田は当時の座談会で話している。

東宝としては初めての、結果的には最後の歌舞伎の襲名興行であった。襲名と柿落としが重なり、チケットは入手困難。初日には来日中の美術界の巨匠、ホアン・ミロも観劇し、新・吉右衛門の楽屋を訪問している。

昼の部の「金閣寺」は「祇園祭礼信仰記《ぎおんさいれいしんこうき》」の一段だ。金閣寺に立てこもる松永大膳は、絵師の娘、雪姫を監禁し、龍の絵を描くように迫る。吉右衛門の役は大膳に恭順すると見せかけて金閣寺に入り込んだ此下東吉（豊臣秀吉）。白鸚の大膳、歌右衛門の雪姫、叔父の二代目松緑が東吉の家来の佐藤正清で出演する、襲名ならではの豪華な配役だった。

作家で評論家の安藤鶴夫は「新・吉右衛門の東吉が、まず、カンがきいてせりふも快く、動きも大きくしっかりして、気合いの充実したさわやかな出来である」（読売新聞）と絶賛した。

夜の部の襲名演目は二代目鴈治郎の代役で一躍名を馳《は》せた「積恋雪関扉（関の扉）」の宗貞。逢坂の関にいる宗貞を恋人の小町姫が訪れる。関守の関兵衛は、実は悪人の大伴黒主。関にある名木の墨染桜を切り倒そうとすると中から傾城墨染と名のる桜の精が現れる。

白鸚の関兵衛、歌右衛門の小町と墨染の二役という最高の配役であった。「吉右衛門の宗貞も、時どき首の線が気になるほかは、これも見事に及第」と安藤は記す。まさに順風満帆の船出と最新の舞台機構を備えた新劇場での称賛を浴びての襲名。

「金閣寺」で東吉は、大膳に機智を示すため、水に投げ込まれた碁笥《ごけ》を樋《とい》を用いて拾い上げる。傍目《はため》には見えるが、そこには相当の問題も秘められていた。

「普通は軽く作ってありますが、東宝の大道具に歌舞伎の経験がなかったものですから、本物の金属製で重くて持ち上がらない。代わりができるまでそれで続けましたが」と吉右衛門は苦笑する。

歌舞伎の劇場には欠かせない機構である花道もそのひとつ。「客席は扇形に拡がっていて、おまけに後に行くにつれて勾配がつけてあるから、花道は普通の劇場の一・五倍くらいの長さになる上、登り坂になってしまう」（『幸四郎三国志』）

当時、東宝の演劇部に在籍し、開場にも立ち会った演劇評論家の渡辺保は、花道の突き当たりの揚幕を上げる係の居場所が作られておらず、事務所から駆け付けることになるため、初日には「関の扉」の小町姫の入りに間に合わなくなり、「歌右衛門さんが自分で揚幕を上げて入った」と証言する。

「そもそも菊田先生の眼中には、歌舞伎はなかったと思います」

我慢強い白鸚も、数々の不手際に、ついには声を荒らげたらしい。その現場に居合わせたという歌右衛門はこう語っている。『「金閣寺」みたいな時代物だから、なかなか馴れないいんですよ。また事実、金閣寺そのものの作りがよくなかった。狭い広いは劇場によってしようがないいんだけれども、いわゆる重みがなかったですね」「歌舞伎座で『金閣寺』の芝居をやってきた高麗屋（白鸚）にとっては、そこにわれわれが出演していたということもからんでいて、やっぱりきまりが悪かったでしょうね」（『歌右衛門の六十年』）

三大女優との共演

新吉右衛門の前途は、けっして洋々とばかりは言えなかった。

帝劇では吉右衛門襲名興行に続き、同年十一月にミュージカル「風と共に去りぬ　第一部」が幕を開けた。映画にもなったマーガレット・ミッチェルのベストセラー小説の世界初の劇化で、東宝の演劇部門を率いる菊田が自ら立案し、上演に漕《こ》ぎつけた念願の舞台であった。

「帝劇自慢の舞台機構もフルに動いている。一場面が終わると、下から大セリがあがって、たちまちそれが新しい場面になったり、左右からスライディング・ステージが動きだすと、とたんに別の場面がアレヨアレヨと思うまに組み立てられる」（F）と毎日新聞の評にはある。

舞台いっぱいのスクリーンにアトランタの町が焼け落ちる様子が映し出され、その前をレット・バトラーとスカーレット・オハラの馬車が走る。馬が本物であることも観客を驚かせ、公演は評判を取った。

帝劇はつまりは、この「風と共に去りぬ」の上演を想定し、「すべてその劇化のための条件を充たすべく設計させた」（『幸四郎三国志』）劇場であった。渡辺保は「歌舞伎に関心のない先生は、花道のことだって初日まで知らなかったと思う」と長い上り坂の花道も菊田の無意識の産物だったと指摘する。

だが歌舞伎の劇場ができることを期待し、待ち望んでいた俳優にとっては、それでおさまりのつく問題ではなかった。

「最初に見た設計図ではちゃんとした花道がついていました。工事現場に出かけ、ヘルメットをかぶって写真も撮りましたが、細かいことまでは分からなかった。帝劇に対する夢だけは膨らんでいたので、上り坂の花道と分かった時には怒りました。でもしようがない。いつのころからか、菊田先生の頭には、おやじたちと契約はしたけれど、歌舞伎でもうけるのは無理だという思いが芽生えていたのでしょう。先生のもともとの望みはミュージカルだったんです」

襲名を機に本名も初代と同じ辰次郎に改め、苦労して入った早稲田大学を休学し、歌舞伎に邁進《まいしん》する態勢を整えていた吉右衛門には、つらい現実であった。一方で実兄の染五郎は「王様と私」「心を繋ぐ六ペンス」に主演するなど、菊田の期待に応え、歌舞伎のみならず、ミュージカルスターとしての地歩も固めつつあった。

「兄貴は『王様と私』以来、東宝には欠くべからざる存在になっていた。実は僕も菊田先生に命じられてオーディションを受けたんです」

日本で最初に上演されたブロードウェー・ミュージカルとして演劇史に残る「マイ・フェア・レディ」のヒロイン、イライザに恋する良家の青年、フレディの役であった。フレディはイライザの住むヒギンズ邸の前で切ない思いを胸に「君住む街」を歌う。「マイ・フェア」の初演は一九六三年九月の東京宝塚劇場だから、オーディションはその前だったと思われる。

「あまりやりたくはなかったけれど、東宝では歌舞伎公演はめったにないし、歌えなければだめだろう、一応受けてみようかと思いました。帝劇の上にある稽古場で外国から呼ばれた演出家の前に立ち、『君住む街』を歌い、ちょっと芝居をした。『お芝居は結構ですが……』と言われ、見事に落ちました」

初演のイライザは江利チエミ、ヒギンズは高島忠夫、フレディは藤木孝。吉右衛門のフレディを見たかった気もするが、ないものねだりと言うものだろう。

初代吉右衛門は明治十九年生まれ。二代目は昭和十九年生まれ。年譜をくれば、同じ年齢で初代がどんな役をつとめていたかは、たちどころに分かる。二代目襲名は昭和四十一年。初代が市村座に六代目菊五郎と共に上置きとして招かれたのが奇《く》しくも明治四十一年。以降、初代は次々と大役を演じて評判を取っている。

「因縁めいたものを感じました。初代は二十二、三歳でこの役をやっているのに、自分はまだだ。俺はだめなんだろうかと悩んだりもしました」

歌舞伎への出演機会が少ないことに焦りを感じても、東宝に籍を置く以上は、襲名をしたとはいえ歌舞伎ばかりを演じるわけにはいかなかった。

一九六七年五、六月は芸術座で「太宰治の生涯」の私（太宰治役）、六八年正月は東京宝塚劇場で「徳川の夫人たち」の鷹司信平、九、十月が芸術座で再演の「さぶ」のさぶ、十一、十二月が同「カリーライス誕生」の相良淳蔵、六九年七、八月が同「巨人の星」の星一徹、七〇年正月が同「雪国」の島村。これが出演した歌舞伎以外の公演の一部である。

「徳川の夫人たち」は司葉子、「カリーライス誕生」は岡田茉莉子、「雪国」は若尾文子。主演女優の相手役をしばしばつとめたが、先駆けとなったのは、まだ襲名前の六四年十月から十二月に芸術座で上演された「濹東綺譚」の英語教師、種田順平役である。表題作を含めた永井荷風の数編の小説を元にした菊田一夫作品で、相手役のお雪は山田五十鈴だった。青蚊帳の中でのラブシーンがあった。「サス・スポット（サスペンション・ライト・スポット・フォロー）で二人のからみあいを追うような形で見せるのですが、濃厚でもさほどいやらしく見えなかったのは、照明効果がうまくできたせいでしょう。お客様の側はおもしろいと喜んでくださいますが、演じる二人は照明をあてられながら蚊帳のなかですから、汗びっしょりでたいへんでした」（『聞き書　女優山田五十鈴』津田類編／平凡社）と山田は語っている。

「僕は二十歳。それが山田さん演じる十代の娼婦の年上の恋人役でした」と吉右衛門は苦笑いする。

先に記したが、吉右衛門の映画初出演作は「続源義経」（一九五六年）。主役の義経は初代の甥《おい》で映画スターとなった萬屋錦之介（当時・中村錦之助）で、吉右衛門は異父弟、良成の役。その時に母、常盤御前を演じたのが山田であった。

「後年に恋人役をするようになるとは。小学生当時の僕は想像だにしませんでした」

だが山田の演技には心惹《ひ》かれた。「演劇界」の襲名インタビューで「現実的に共演したい女優さん」という問いに「山田五十鈴さん。あのくらいの巧い女優さんは、ぼくらと同じ世代にはいません。『濹東綺譚』で共演させていただいたのですが、実に立派なのですねえ。あれだけの演技力を備えた方ですと、芝居をしても、実に闘志が湧いてきます」と答えている。

渡辺保は菊田が吉右衛門の技量を評価していたからこそ、山田の相手役にも起用したと指摘する。

「女優さんに人気があった。しっかりと芝居をしてくれるからです」

だが元来が、女役を女方という男性が演じる歌舞伎界で修業を積んできた俳優である。とまどいもあった。

「歌舞伎なら恋人同士の役でも男と男が寄り添っているだけ。何の色気も感じなかった。それが突然にまともな女性を相手にするようになった。照れて照れて。体を触ってはいけないんじゃないかなんて。どうも女方相手の芝居みたいになってしまうようで、菊田先生に『もっと普通にやったらどうだ』と言われたこともある。でもその『普通』が分からない。慣れたのは大分たってからですねえ」

だが、菊田の演出法には深く感じるところもあった。

「激してくると女優さんにわーっと言って『何をやっているんだ』とほっぺたをパチンと叩いたりする。『痛いか。痛いだろう。それが叩くということだ』なんておっしゃって。まったく演技のできなかった素人みたいな人が、次第に芝居らしい動きをするようになる。すごい情熱だし、大したものだと思いました」

大女優では、山田以外に、初代水谷八重子の相手役もしばしばつとめた。水谷は一九〇五年生まれ。戦前は島村抱月の芸術座や映画などで活躍。戦後は花柳章太郎らと劇団新派の結成に参加し、花柳没後の新派を率いた。一九七九年に七十四歳で亡くなった。

相手役の最初が「滝の白糸」(一九七二年六月国立劇場)の村越欣弥。白糸はもちろん八重子である。

「東宝で女優さん相手のお芝居に慣れていたせいか、先生にも相手役としてかわいがっていただけました。その後『婦系図《おんなけいず》』（一九七三年十月国立劇場）の早瀬主税（八重子のお蔦）、『金色夜叉』（一九七六年正月新橋演舞場）の間貫一（八重子の宮）もいたしました。『あんた、何やりたい？　金色夜叉やりたくない？』とかおっしゃってね」

「滝の白糸」は泉鏡花の小説「義血俠血」の劇化作品。水芸の太夫、白糸と馬車の馬丁から検事となる欣弥の悲恋を描いている。欣弥にほれ込んだ白糸は学資の援助をしていたが、ふとしたことから殺人を犯し、引き出された法廷で検事となった欣弥に再会する。舞台は鏡花の故郷、金沢である。

「白糸と欣弥が初めて親しく言葉を交わす『卯辰橋』の場面で、僕が人力（車）を『りんりき』と言ったら、『この子、りんりきって言ってくれるのよ』と先生がいたく感激された。昔はそういう言い方をした。うちの養母（千代）も、そう発音していたので、僕も従ったんです」

当時の毎日新聞の評では「吉右衛門の欣弥も前半に朴訥《ぼくとつ》な書生っぽさがあり、法廷の場のせりふもうまい」（水）と評価されている。

水谷、山田、杉村春子。日本の三大舞台女優と呼ばれた全員の相手役を吉右衛門はつとめている。

「水谷先生は女優というより役者でした。一代であれだけになられた方でしたが、役に対する執着が、我々のような代々の役者と似通っている。相手役をしても引っ張って行っていただける。普段は男みたいにさっぱりとしていて、お若いころは男装の麗人みたいな感じで色気がなかったらしい」

新派は歌舞伎と同様に女方の活躍した劇団であった。初代喜多村緑郎、花柳章太郎ら名女方を輩出している。

「新派の女方さんに色気があったから、逆に先生は、自分の芸をさらっとした方向に持っていかれたのかもしれません。普段は性を超越していらっしゃる。舞台女優とはこういうものかと思いました」

「婦系図」では不思議な体験もした。お蔦が静岡に去って行った主税を思いながら、烏森の「嬉し野」という料理屋でひとりで主税との盃のやり取りをまねる場面での出来事だ。

「その場面が好きで、袖で先生の仕草を見ていたら、まるで僕の主税が、そこに存在しているかのように感じられた。先生に『どうやるんですか』とお訊ねしたら、『ばかね、この子は』と笑っていらっしゃいました。いない人間が見えることが、現実にあるんだと思いました。というのも、初代吉右衛門の『熊谷陣屋』の物語で、話に登場するだけの敦盛の姿が、お客様に見えたという逸話を聞いたことがあったからです。その話は本当だったんだと実感した瞬間でした」

杉村は一九〇六年生まれ。文学座を率い、「女の一生」「華々しき一族」「鹿鳴館」などの名演で知られる。一九九七年に九十一歳で亡くなった。十代のころに「明智光秀」で初共演し、一九八四年には有吉佐和子作「華岡青洲の妻」で於継と青洲という親子を演じた。蘭方医の青洲が麻酔手術を成功させるまでを、母と妻の葛藤《かっとう》を交えて描いた作品だ。

「杉村さんも、いわゆる女ではなかった。芝居では色っぽいこともなさいますが、普段は男も女もない。『華岡青洲』の時は、杉村さんの於継で何度も青洲をおつとめになられた北村和夫さんが、僕に『君、あそこはああやった方が』と注意をしてくださいました。杉村さんに北村さんのアドバイスをお伝えすると、『何言ってんのよ。あの子。医学用語が覚えられなくていつもデタラメばかり言ってたくせに』。杉村さんにかかると北村さんも『あの子』になっちゃう」

有吉存命中の最後の「華岡青洲」上演であったが、この公演は有吉も気に入ったらしい。杉村は『女優杉村春子』での、「有吉はどのキャストが気に入っていたか」との大笹吉雄の質問に対し、「吉右衛門さん気に入っていましたよ」と答えている。

山田は一九一七年生まれ。映画スターとして「祇園の姉妹」（溝口健二監督）、「蜘蛛巣城」（黒澤明監督）など数々の名画に主演。その後舞台に転じ、「たぬき」「香華」などの代表作を持つ。

「山田さんは、お父様も新派の俳優でしたし、芸に関しては我々に近かったけれど、普段も女性でした。お綺麗で僕はあこがれていました。子供のころからご苦労をなさっているから、とても優しさがあって気をつかってくださった。といってベタベタはしない。さっぱりとした方です。女優とは違う。女役者という感じでした。水谷先生は俳優、山田さんは女役者かな」

心中天網島

吉右衛門が紙屋治兵衛、岩下志麻が遊女小春と女房おさんの二役を演じた映画「心《しん》中天網島《じゅうてんのあみしま》」（篠田正浩監督）が公開されたのは一九六九年。同年度の毎日映画コンクール日本映画賞、キネマ旬報ベストテン一位に選ばれた日本映画史に残る傑作である。

篠田と独立プロの日本ATG（アート・シアター・ギルド）の提携作品で、近松門左衛門の原作をもとに作家の富岡多恵子、篠田、作曲家の武満徹が脚本を執筆。さらに武満が音楽、グラフィックデザイナーの粟津潔が美術、成島東一郎が撮影という、大変に豪華な顔触れがスタッフに名を連ねた。

妻のおさんと子がありながら、紙屋の主人、治兵衛は遊女の小春との恋に狂い、小春が他の客に身請けされると知って心中をはかる。

「松竹に所属していたころから企画を出していたのに、『今の時代、心中天網島と読める観客がどれだけいると思うか』と反対された。松竹も歌舞伎より映画の収益が主体の時代で、歌舞伎が題材の映画は無謀と言われました」と篠田は当時を振り返る。

ATGからの誘いで、その長年温めてきた企画が日の目を見ることとなる。といっても予算は一千万円。コストを抑えつつ、作品を構築するための工夫が凝らされ、それが逆に大きな成果を生んだ。

粟津のアイデアで、浮世絵や、かな文字を大きな紙に転写して壁に張ってセットとし、ほとんどの撮影をそこで行った。一方で心中の道行はすべてロケ。岩国の錦帯橋、嵐山の渡月橋など昔ながらの橋の風景が、追われる二人の緊迫感をいや増した。画面には黒衣が登場し、二人を見つめ、最後には治兵衛の縊《い》死の手助けをする。

「腰が据わっていないと近松にはこたえられない。言葉の中の魂が動くような台詞を言える俳優が必要でした。松竹から東宝に移り、歌舞伎だけに縛られない吉右衛門さんは、僕には実験精神に富んだ身近な人に思えた。でもそんな方がＡＴＧの安いギャラで参加してくれるのか心配でした。ところが快諾してくださったんです」

撮影日数は三週間。撮影時の吉右衛門は二十三歳だった。

「おふくろから『こういう映画があるから』と言われました。治兵衛のような上方のつっころばし（柔らかみのある二枚目）なんて舞台でもやったことがない。なんで僕がと思いましたが、歌舞伎と東宝の舞台しか知らない身には新鮮でした。セットも構成舞台。監督は『金がなかった』とおっしゃっていましたが。スタッフもすごい方たちばかり。刺激を受け、自分でも映画を作りたいとまで思いました」

鳥辺山の墓地では小春との激しいラブシーンもある。

「舞台だと精々体に手をかけるぐらい。ところがキスをしたり、まさぐったり。監督には『遠慮しないで』と言われましたが、照れました。岩下さんとはデビュー作の『笛吹川』（木下恵介監督）で僕たち兄弟もご一緒したので面識がありました。その当時は初々しくてかわいかった。あっという間に大スターになられました」

現在に至るまで世界各地で上演され、その芸術性が高く評価されている作品だ。

「おやじ（白鸚）が試写会に来てくれた。で、一言。『帯（の締め方）が逆だ』。帯の手（端）が、関西は左、関東は右にくる。衣裳屋さんが締めてくれたのですが、手が右に来ていた。歌舞伎役者なら、それぐらい神経を使えということです。おやじのきつい一発でした」

前年の一九六八年には新藤兼人監督の「藪の中の黒猫」に出演している。平安時代の京都を舞台にした幻想的な作品だ。源頼光の配下で農民あがりの武士、藪ノ銀時は次々と侍の命を奪う妖怪を退治せよという命を受け、出かけた夜の羅城門で、自分の妻に瓜《うり》二つの若い女と知り合う。女に連れられて行った家には、自分の母にそっくりの女の母がいた。自宅を焼かれ、妻と母の消息が不明となっていた銀時は、女にのめり込んでいく。

吉右衛門の銀時、女は太地喜和子、母は乙羽信子の配役であった。

「これも独立プロダクションの製作でした。僕に声がかかるのは、スター性を必要としない芸術映画ばかりでしたねえ。民家を借りて合宿所みたいにして撮影しました。台詞は全部、映像を見て後から入れるアフレコでした。乙羽さんが『アフレコだから、台詞をゆっくり言った方がいいわよ』とおっしゃったのですが、僕には意味が分からなくて舞台と同じようにしゃべった。そうしたら後から音声を入れるのに、なかなか合わなくて苦労しました。スタントマンも使わずに馬で竹やぶを疾走させられたり、今考えると怖い思いもしました」

熊谷陣屋

「初代中村吉右衛門十七回忌追善興行」が催されたのは一九七〇年九月の帝劇であった。この時に吉右衛門は、立役のあこがれの役の一つである「熊谷陣屋」の熊谷直実を初演した。

源平の争いに題材を取った義太夫物「一谷嫩軍記」の三段目。源氏の武将、熊谷は、平敦盛の身替わりにするため、わが子の小次郎の命を奪う。熊谷は自身の陣屋へ帰り、妻の相模と敦盛の母、藤の方の見守る中、源義経の前で首実検を行う。

熊谷は初代が得意とし、最後につとめた役でもある。熊谷役への挑戦は、初代の芸境に迫るためには欠かせない一歩とも言えた。

昼の部が「鬼平犯科帳」「勧進帳」。夜の部が「熊谷陣屋」「追善口上」「風流奴物語」。吉右衛門は「鬼平」の木村忠吾、「勧進帳」の義経もつとめた。平蔵は白鸚、弁慶は染五郎、富樫は十七代目勘三郎であった。

東宝の「仏くさい公演はやめよう」との方針で「追善口上」も異色のものとなった。緞帳《どんちょう》が上がると一九五〇年撮影の初代の熊谷による「熊谷陣屋」の映画から首実検の場面が上映され、その後にせり上がりで登場した白鸚、吉右衛門、十七代目勘三郎の三人が口上を述べた。

「『あんな名人の映画を見せて比べられたら損じゃないですかね』とおっしゃった東宝の重役に、中村屋のおじさん（十七代目勘三郎）は『比べようがないから大丈夫だ』と返された。お言葉の通り、手も足も出ませんでした」

演じるにあたり、白鸚から教わり、初代の映画を見た。白鸚は細かな指導をするタイプではなかった。

「自分の癖が、教える相手に移るのを嫌ってのことです。ただ性根は教えてくれた。敦盛を討つと見せて小次郎を身替わりにする『陣門・組打』では『お客をだませ』。続く『陣屋』では『お客にだまされろ』。熊谷は殺したのは敦盛と見せかけて妻の相模をあざむいているが、お客様はすべてご存じだ。それを念頭に置いてやれという意味でした」

ビデオのない時代である。映画の音をとり、繰り返し聞いて台詞を研究した。

「首実検での神経の使い方がすごい。義経に気兼ねしつつ、相模を止め、藤の方に待ってくれとの思いを込める。テープを遅くして聞いても、誰に向かっての台詞なのかが分かる。周囲の全員に対する芝居がある。気持ちを全部変え、音階も言い方も違う。

これはできないなあと思って嫌になった。でもやらなくてはなりませんでした。その映画でも実父に言わせますと『最盛期の四十代はもっとすごかった。あれが吉右衛門だと思ったらいけない』。今でも映画の足元ぐらいには届きたいと思っているのですが」

熊谷が敦盛実は小次郎を討った様子を周囲にひとりで語り聞かせる「物語」が見せ場となる。

「歌右衛門のおじさんによると、初代の熊谷はそこで物語に登場する人物が、現実に舞台に見えて来たそうです。敦盛も見える、敦盛を討つように熊谷をしむける平山武者所も見えれば、軍勢も登場する、船も見える。物語というのは元来がそういうもの。その境地を目指しているのですが、僕の物語からは、まだ何も出てきはしません」

最後に熊谷は出家を決意し、僧形になって花道を入る。亡くした小次郎は十六歳であった。初代も踏襲している九代目團十郎型では、熊谷は万感の思いを込め、「十六年は一昔」と述懐する。

「『十六年は』と言ったって帝劇の長い坂の花道だし、泣けないですよ。（二代目）吉之丞にぐちをこぼしたら『初代さんは揚幕を入ってからも、しばらく下に突っ伏したまま、毎日本当に泣いていらっしゃいました』。こちらは、段取りや台詞回しをこなし、形を何とかするだけで精一杯でした」

それから熊谷を何度も演じ、いまや当代の当たり役となっている。上演の度に発見がある芝居だという。花道を出て陣屋に戻るくだりでは、熊谷は数珠を手にしている。

「その時点で、既に仏門に入ってすべてを捨てる決意をしている。それが再び俗世の人間に戻り、敦盛の首実検という現実的なことをする。むしろ僧体となってからの方が涙もこぼしますし、人間的な感情になっている」

浄瑠璃の本文では、熊谷が最後に有髪の僧となる。だが、九代目團十郎型では先に記したように、髪を剃《そ》り落として坊主頭になった熊谷が幕外《まくそと》（幕切に幕を引いた外）で「十六年は……」と述べ、ひとりで花道を入る。

「そこで熊谷の心理描写は複雑になったと思います。初代は九代目さんの型を踏襲しつつ、さらに心理を細かいものとしたはずです。初代と九代目では役者ぶりも違う。初代は、より浄瑠璃に近づけ、義太夫に乗る所は乗りながら、幕外の僧体となっての花道の入りでは内心の葛藤を出したのではないか。義経、妻の相模、藤の方。それぞれへの思いを演じわけているような気がします。僕に初代の舞台の記憶はありません。映画をよりどころに『何でここは、こうやっているのだろう』と思った部分をたどると、そこに行き着きます」

初代は演技の際に感情過多になり、「泣き過ぎる」と評されることがしばしばあった。

「映画を見る限りでは、泣き過ぎてもいないし、弱々しい武士でもない。ひとかどの人間がわが子を手にかけ、悩んだ揚げ句に仏門に入る。当時でしたら、たとえ自分の子でも、はむかえば殺すのが習いでしょう。ところが敦盛という公達の優雅さを目にし、妻の嘆き、義経の他者を思いやる心などに触れ、仏にすがる気持ちになったのではないか。だから繊細過ぎても、武骨過ぎてもいけない。初代の描きたかった熊谷像に迫るのは難しいと常に思います。とても素晴らしい人間を描いた戯曲です。シェークスピア描くところの人物と比べても、優るとも劣らないと自負していいでしょう」

「陣屋」の前の二段目には「檀特山《だんとくせん》」と通称される「陣門・組打」があり、こちらも独立して上演されることの多い人気場面である。熊谷が平敦盛と遭遇し、討ち果たすまでを描いている。この敦盛は、実は熊谷が身替わりに立てた一子、小次郎であり、ここから後段の悲劇が起きる。

「『陣門・組打』は大好きですが、あんなに動きがなくて疲れる芝居はない。熊谷はずっと第三者の視点で見ていなくてはならない。自分の子を身替わりに立て、誰にも明かすことのできない熊谷の気持ちを知っているのは、彼の馬だけです。熊谷は、敦盛の恋人で平山の手に掛かって死に瀕《ひん》している玉織姫にも神経を使い、敦盛の首討ち取りでは平山に監視されてもいる。そのプレッシャーといったらない。演じていても足の裏までじんじんしてきます」

白鸚は一九七二年四月に国立劇場で「陣門・組打」から「陣屋」までを通して演じている。

「前の段があることで『陣屋』も分かりやすくなる。お客様の感動も違ってくると思うので、いつかは続けて上演したい。しかし体力的にはつらいものです。おやじは六十歳を過ぎてから通しています。気力がすごかった。震災、戦争を経ている人の気構えは我々にとって驚きです。ちょっとまねできませんね」

木の芽会

染五郎、吉右衛門兄弟が主になっての勉強会「木の芽会」は、一九六〇年から一九六九年まで計十回が行われた。この会で兄弟は大役を初演し、成果をあげた。

会場の選定からポスターの作成まで自分たちで行うところから始まった会は、最初の文京公会堂から芸術座、国立小劇場などを舞台に段々に公演日数を増やし、第六回

（一九六五年）の「東海道四谷怪談」からは菊田一夫の「客が入るので興行に」との指示で、東宝の主催公演へと昇格した。

吉右衛門が手がけたのは以下の通り。一回が「一條大蔵譚」の一條大蔵卿、二回が「石切梶原」の梶原平三、三回が「菅原伝授手習鑑」の梅王丸と武部源蔵、四回が「盛綱陣屋」の信楽太郎と「夏祭浪花鑑《なつまつりなにわかがみ》」の団七、五回が「双蝶々曲輪日記《ふたつちょうちょうくるわにっき》」の放駒長吉と南方十次兵衛《なんぽうじゅうじべえ》（南与兵衛）、六回が「四谷怪談」の直助と小汐田又之丞、七回が「逆櫓」の樋口と「素襖落《すおうおとし》」の大名、八回が「時今也桔梗旗揚《ときはいまききょうのはたあげ》」の武智光秀と「勧進帳」の富樫、九回が「熊谷陣屋」の義経と「土蜘《つちぐも》」の智籌《ちちゅう》実は土蜘の精、十回が「双蝶々」の濡髪《ぬれがみ》長五郎。

「二回目から会場が芸術座になった。仮設の花道を作って大変でしたね。僕は初代の当たり役を勉強させてもらうことが多く、どんどん教わりました。周りはいつも一緒の東宝劇団で、僕をもり立ててくれました。段々に皆さんにも知られ、切符も売れるようになりました」

梅王丸は二代目松緑、源蔵と団七は白鸚に教わった。団七は上方の侠客。主人筋の磯之丞を助けるため、女房の父である義平次を手にかけてしまう。

「団七では、上方言葉がなかなかうまく話せませんでした。義平次に初代からの弟子の（中村）吉十郎が出てくれたから、ありがたかった。（二代目）吉之丞がお梶でした。初演では手順を追うだけ。全然できませんでした。団七は喧嘩っ早いところもあるし、女房子供も大事にする。昔かたぎに親を立てようともする。でも一番は忠義。義平次を殺した後に団七は『悪い人でも舅は親』という。初代はそこがセンチメンタルな感じで魅力にもなっている。儒教的に言えば、親殺しは大罪です。それでも忠義は尽くさなければならない。勘弁してくれ、という情のこもった言い方です。それが初代の役者ぶりというものですよ。それほどセンチメンタルに言わないで、お客様にかわいそうだと思っていただけるにはどうしたらいいかと考えています」

「菅原」「四谷怪談」「ひらかな盛衰記」など通し上演の多いのも特徴で「双蝶々」では「米屋」と「難波裏《なんば》」を復活した。「角力場《すもうば》」で対立した濡髪と長吉が和解するのが「米屋」、続く「難波裏」で濡髪は殺人を犯す。逃亡する濡髪が再婚した母を訪ね、南与兵衛と出会う人気演目「引窓」はその後場になる。「米屋」は東京では明治以来となる意義ある復活であった。

「『引窓』の理解も深まり、通しはいいなと思いました。（南方）十次兵衛はおふくろが、勘三郎のおじさんが感心するくらいに、初代の台詞回しをしっかりと覚えていました。父親の芸を尊敬していたし、それを後に伝えたいと考えていたんでしょう」

播磨屋系の演目が多い中で異彩を放つのが「土蜘」（一九六八年）である。能の「土蜘蛛」を素材にした河竹黙阿弥作品で、五代目菊五郎が初演し、音羽屋（菊五郎家）の得意演目を集めた「新古演劇十種」に入っている。六代目菊五郎に師事し、踊りの名手として知られた叔父の二代目松緑に教わった。

「紀尾井町のおじさん（二代目松緑）の『土蜘』が好きで、番卒で出していただいたこともありました。お願いしたら『教えてやる』とおっしゃってくださいました」

病気の源頼光を見舞いに来た僧、智籌は実はクモの妖怪。本性を現して頼光に襲いかかって切られ、姿を消す。血痕を頼りに家来たちは跡を追い、ついに討ち果たす。

演劇評論家の戸板康二は「予想以上の好演だった。前シテの無表情にもうひとつすご味がほしいが、叡山の僧の姿態が、肉体的にも条件がかなっていて、奇妙な気迫を出していた。のちジテも力がこもって、これは当たり役と呼んでもいい」（東京新聞）と称賛している。

「木の芽会」は、一九六九年の十回公演を区切りとして染五郎、吉右衛門兄弟の手を離れ、幸四郎（白鸚）一門の勉強会として継続された。一九七一年以降は国立劇場の「青年歌舞伎祭」に組み込まれ、「木の芽会」名の公演は一九七五年まで続いた。

一九七〇年七月。国立小劇場で「十周年記念」と銘打った通算すれば十一回目の公演が行われた。この公演で吉右衛門は「仮名手本忠臣蔵　七段目」の千崎弥五郎と「勧進帳」の弁慶を初役で演じている。

「勧進帳」は市川團十郎家の「家の芸」である歌舞伎十八番物で、能の「安宅《あたか》」に題材を取っている。源頼朝に追われ、山伏に身をやつした義経、弁慶の主従一行は富樫が守る安宅の関にやってくる。

弁慶は明治以降では九代目團十郎、その高弟で、吉右衛門の父方の祖父の七代目幸四郎が当たり役とした。吉右衛門が初めて「勧進帳」に出演したのは一九五八年九月の歌舞伎座「子供かぶき教室」の義経で、当時十四歳。義経、富樫は以降、幾度か演じていた。

「弁慶は、やはりあこがれの役。おやじに教わりました」

染五郎の富樫、錦吾の義経の配役であった。富樫を得意とした初代も、一九三〇年を皮切りに数度、弁慶を演じている。

「九代目のお嬢さんの（二代目）市川翠扇さん、旭梅さんに習ったそうです。お二人に『今の高麗屋（七代目幸四郎）のやり方とはちょっと違う』と細かに教わったと言います」

白鸚は、初代の教え通りに二代目に伝えた。

「(七代目)幸四郎のおじいさんのは歌舞伎味が強かった。対して九代目の弁慶は本当に能がかり(能に近い)で、花道の台詞もたっぷりとやった。血気にはやる一行を止める『やあれ暫く、おん待ち候え』が素晴らしかったそうだと。だからとにかく花道の出が大切だ。『お客が寝ても構わないぐらいの気持ちでやれ』と言われました」

演劇評論家で当時毎日新聞記者の水落潔は「吉右衛門は堂々たる押出しで力感あふれる。が、欠点は、高潮してくると声の音程が高くなることと腰高であること」(毎日新聞)と評している。

吉右衛門家には初代が演じたほとんどの役の書き抜き(自分の台詞だけを書いた台本)が残っている。茶箱に二、三箱もあったものを引き継いで大切に保管してきた。初代の演じた役をつとめる際には、吉右衛門が必ず目を通す宝物だ。「勧進帳」の書き抜きの、弁慶の台詞の横には、細かに譜がふられていた。

「言い方も書き込んである。ことに富樫の前で白紙の勧進帳を詠みあげる『それつらつら思ん見れば』は、唄みたいに譜がふってある。参考にして一度演じましたが、お客様を寝かせちゃうのはまずいので(笑)、今は、その演じ方のままではやっていません。幸四郎の祖父の映画と初代の書き抜きの台詞を参考にし、さらに(十一代目)團十郎のおじさん、(二代目尾上)松緑のおじさん、実父の三人の弁慶を拝見していますので、良さをいただいて演じているつもりです」

三兄弟の弁慶にはそれぞれに個性があった。

「團十郎のおじさんは客席からじわ（嘆声）があがるくらい声量がすごかった。おやじのは能がかり色の強い、どちらかというと地味なもの。松緑のおじさんは幸四郎のおじいさんの映画そのままでした」

弁慶は演じていても発散できる役だという。

「見せ場の連続です。演じている間は、悩む時間も、自分がいいか悪いかなんて思う余裕もない。富樫、四天王、義経、番卒それぞれの芝居を受け、たとえ後ろを向いている場面でも気は抜けません。舞台全部に四方八方に神経が行かないと成立しない。弁慶その人になるのも難しいです」

さぞ疲れることだろうと思うが、吉右衛門は逆のことを言う。

「幸四郎の祖父は、花道を入った後に、お茶を一服しただけで、扮装《ふんそう》したまま疲れも見せずにスタスタと楽屋に帰ったんですって。晩年は揚幕を入ったところで、鬘だけ取ったそうですが。格好いいでしょう。よたって帰るようでは、弁慶を演じる資格がない。バカバカしいかもしれませんが、それが役者の美学です」

「第四回青年歌舞伎祭」となった一九七一年八月の「木の芽会」で、吉右衛門は昼の部だけ「積恋雪関扉」の関兵衛実は大伴黒主をつとめた。あこがれの役の初演であった。

江戸の天明時代に作られた顔見世狂言「重重人重小町桜《じゅうにひとえこまちざくら》」の舞踊部分で、常磐津物の傑作だ。良岑宗貞《よしみねむねさだ》は逢坂の関に墨染桜を移し、先帝の菩提を弔っている。そこへ恋人の小町姫が訪れ、関守の関兵衛は二人の仲を取り持つ。宗貞は関兵衛の素性を怪しみ、小町姫に召し捕りの用意をさせる。関兵衛は実は天下を狙う大伴黒主。墨染桜を切ろうとすると桜から傾城、墨染と名のる美女が現れる。墨染は実は桜の精であった。

関兵衛は初代中村仲蔵の当たり役。「国崩し」と呼ばれる大悪党で、関兵衛の姿から「ぶっ返り」といって衣裳を引き抜き、黒主の本性を現す。仲蔵風という大らかな振りが残り、現在では珍しい「当てぶり」も見どころ。「生野暮薄鈍《きやぼうすどん》」の詞章では「生」で立木、「野」で矢をつがえる形、「暮」で棒をしごく形、「薄」で臼の形、「鈍」で戸をたたく形を見せる。吉右衛門は、白鸚の黒主、歌右衛門の小町姫と墨染桜の精の二役、十七代目勘三郎の宗貞が取り分け印象に残るという。

「おやじ（白鸚）の黒主の役者ぶりにぞくぞくしました。『これは踊りではなくて問答だ。問答をしなくてはいけない』と言っていました。それでいてもちろん踊らなければならない。最初は関守で黒主ではない。関守の踊りで問答をしているように見えなければならない。実父はせっかち、成駒屋（歌右衛門）のおじさんはゆったりとしている。それが引き合う。そこに勘三郎のおじさんの歌舞伎味が加わる。三幅対という感じでした。ジャズで言うなら、ベースが後ろに引いて、ドラムが前に出て、その間にピアノが入る……そういうおもしろさでしたね」

東宝離脱

吉右衛門はついに、東宝を離れる決心をした。一体いつのことだったのか。稲越功一撮影による写真集『中村吉右衛門』（用美社）の年譜には、一九七四年の項に「この年の秋東宝を離れる」とあるが、実際にはもっと前であったようだ。

「僕は芝居の相手役のことなどで、何度か菊田先生のご機嫌を損じてしまいました。とにかく二人の仲を取り持たなければいけないと考えた演劇部の方に連れられ、役員室にうかがった時、先生は『君は歌舞伎だけやっていればいいんだよ』と吐き捨てるようにおっしゃいました。それで決心を固めたんです」

伏線はあった。東宝のミュージカル路線は好調で、ますます公演数も増えていた。

「僕は、歌は歌えないし、二枚目ではない。このままではスターになる可能性はないと思いました。そこでおふくろに『もっと歌舞伎に出してもらいたい』と頼んだ。そうしたら『本当は、あなたを松竹に残しておきたかった』と返されたんです。いまさらそんなことを言われても僕はどうすればいいのか、勝手に東宝を辞めればいいのかと随分悩みました」

胸の奥に秘められた思いに、菊田の言葉が火をつけた。吉右衛門は菊田の元を訪れ、東宝との契約更新の意思がないことを告げた。

「『何でだ』と驚かれた先生に、『先生が、歌舞伎だけやっていればいいとおっしゃったんじゃないですか』と言いました。先生は『そんなこと言ったかなあ』。まるで覚えていらっしゃらなかった。本当にあの時は逆上されていたんだなと思いました」

実父の白鸚、実兄の染五郎が東宝に残る中での、単身での庇護者とていない松竹への帰参であった。東宝で築き上げた地位が無に帰すことを覚悟の上での、思い切った行動といえた。

菊田の病没は一九七三年四月。吉右衛門が松竹復帰を伝えたのは当然ながら、それ以前だ。ただし東宝離脱は入った時のように記者会見が開かれることもなく、ひそやかに進められ、東宝の舞台出演を続けながら、次第に力点を松竹へと移す格好になった。ちなみに白鸚は吉右衛門より後の一九七二年一月に東宝を離れ、松竹の舞台へ復帰した。

「もちろん菊田先生に感謝する気持ちはあります。勉強会だった『木の芽会』を半月ぐらいの興行にしてもいただだいた。ただ帝劇での歌舞伎公演には無理があると思ったし、常に歌舞伎を演じるには、東宝を離れるしかなかったんです」

結婚

吉右衛門の婚約が発表されたのは、一九七四年七月三十日のことであった。会見場所は歌舞伎座近くにあった銀座東急ホテル。当時の記事には「電撃的」とある。相手は慶応大学文学部一年生の十八歳。もちろん現夫人の知佐だ。その父は常に良き相談相手として吉右衛門に接してきたNHK職員の山本一次であった。

「僕は三十歳でしたが、一生結婚しないつもりでした。役者として自信がなかったし、相手の面倒などみられるわけがないと考えていた。五十歳になったら仏門に入ると言っていたくらいです。結婚するにしても、妻になる人に歌舞伎界のことを教えるのはおふくろです。親が気に入らなければ無理だろうと思っていました」

山本は正子の従弟で、すべての事情を心得ていた。かつ「父は主人のことをかわいがっていました」（知佐）。そこで「うちの娘をもらわないか」と吉右衛門に申し出た。「おふくろは彼女をよく知っていましたし、すっかり乗り気になりました」と吉右衛門。

最初に話が起きた時、知佐はまだ高校三年生だった。

「将来の事は何も考えていなかったし、当時は勉強を続けたいとも思っていませんでした。それが運のつき。小さいころから主人の母にあこがれていたので電話で母から『お嫁に来ない』と言われ、『はい』と答えてしまいました。太字で書いていただきたいくらいですが、主人にプロポーズされた覚えはないし、結婚前にデートしたこともありませんでした」と証言する。

結婚話が持ち上がる前の高校生のころに、ちょっとした思い出がある。

「主人がダイヤモンドの指輪を買ったという噂が、親戚《しんせき》の我が家まで流れてきて『一体誰にあげるんだろうね』なんて盛り上がっていました。まさか後にそれが私のところに来るなんてね。それまでは親戚と言っても年齢が十二歳も違うし、家に遊びに行っても相手にもしてくれませんでした」

結婚式は一九七五年五月三十日に東京のホテルオークラで行われ、披露宴には七百五十人が出席した。当時の新聞（スポーツニッポン）には十九歳の若き新婦を横にした新郎が「ずうずうしく言わせてもらうと、やっぱりきれいですねえ」と報道陣にコメントしたと記されている。

「披露宴の時、普通お互いの両親は端と端でしょう。それが親戚だから隣り合わせ。主人の母と私の父が常に進行状況を打ち合わせしてプロデュースしていました」と知佐。

NHKプロデューサーの山本と、高麗屋一門の差配をしてきた正子である。盛大な結婚式もつつがなく運んだ。知佐は大学を退学し、歌舞伎界の人となった。

「僕は家内が大学を出るまで待とうと思っていたのですが、おふくろが『逃げられちゃうから急げ』と。僕も大学中退でしょう。家内も僕も、もうちょっと頑張って卒業すればよかったと今にして思います」と吉右衛門は述懐する。

「一通り母（正子）から聞いてはいましたが、この世界に実際入ってみると、驚きの連続でした」と知佐。

播磨屋を支え、四人の娘をもうけた。

四

公演中、楽屋で取材に応える吉右衛門と妻の知佐。

四人の娘に囲まれ父親の顔になる吉右衛門。

「平家女護島 俊寛」の、吉右衛門演じる俊寛（2003年）。撮影・稲越功一

菊五郎劇団

松竹復帰から、吉右衛門の歌舞伎への出演は格段に増え、ことに菊五郎劇団に参加する機会が多くなった。

菊五郎劇団は、初代吉右衛門と共に劇界をリードした六代目菊五郎の教えを受けた俳優で構成されていた。当時、中心になっていたのが六代目の養子の梅幸と六代目に師事した二代目松緑であった。松緑は「加賀鳶《かがとび》」の道玄、「髪結新三《かみゆいしんざ》」の新三、「魚屋宗五郎」の宗五郎、「忠臣蔵 五、六段目」の勘平など師ゆずりの当たり役を多く持っていた。

劇団にはその長男の初代辰之助（三代目松緑）、梅幸の長男の尾上菊之助（現・菊五郎）、十一代目市川團十郎の長男の市川海老蔵（十二代目團十郎）の三人の花形俳優がいた。菊之助が吉右衛門の二歳上、海老蔵と辰之助が二歳下。切磋琢磨《せっさたくま》するには絶好の環境といえた。

「紀尾井町（松緑）のおじさんも、年齢の近い僕を入れることで三人に刺激を与えたかったのではないかと思います。菊五郎劇団は六代目からの縦系列色が強い劇団で、その分、内部にも競い合いがあるように感じました。僕にとって勉強になる経験でした」

一九七二年十月の歌舞伎座昼の部で吉右衛門、海老蔵、辰之助のいとこ同士が弁慶、富樫、義経の三役を交代で演じる「勧進帳」が上演された。一九六五年三月歌舞伎座の「七代目幸四郎追善」で、十一代目團十郎、八代目幸四郎（白鸚）、二代目松緑の三兄弟が役変わりで弁慶、富樫を演じてから七年が経過し、その子供たちが弁慶、富樫をつとめるまでに成長していた。

戸板康二は「七代目幸四郎の直系の孫で、従兄弟同士の競演というのは、やはり一種の壮観といえないこともない。歌舞伎の家系というものを、改めて考えさせられる」（「演劇界」）と記したように企画は評判を取った。

「亨（辰之助）とは二学年違いで学校（暁星学園）も同じ。ですが劇団が違ったので親戚といっても冠婚葬祭の行事で会うくらい。松竹に戻るまでは、ほとんど付き合いもありませんでした」

だが、そう言いつつも子供らしい接触もあった。

「小学校の帰り道に靖国神社の境内だったかで、先に歩いていた亨に後から来た僕が『おい、左に近いの（当時・尾上左近）』とすごんだそうです。『うちの子が、萬之助にからかわれたって泣いて帰って来たのよ。あなた悪い人ね』と、大人になり、ご自宅にお邪魔するようになってから、紀尾井町のおばさん（松緑夫人）に言われました。まったく覚えていませんでしたが」

弁慶は八日間交代で辰之助、吉右衛門、海老蔵の順であった。

「年上の僕が後になったものだから、亨（辰之助）が気を使い、『大変なものは先にやった方がいいんだよ』なんてわざと言っていた。こっちが気を悪くしているんじゃないかと心配していた。そういう気の優しい男でした」

辰之助は一九八七年に四十歳の若さで亡くなった。

その時の弁慶だが、大木豊は「セリフの量感、密度はいちばんだ。長身の利器を生かすことができれば最も個性的な弁慶になれる可能性がある」（読売新聞）と評した。また富樫を戸板は「外祖父である先代のうまい抑揚とかなり似て、味のある口跡がたのしめる」（「演劇界」）と記している。

この月には「加賀鳶」の魁勇次、「盛綱陣屋」の信楽太郎、「四千両小判梅葉《しせんりょうこばんのうめのは》」の隅隠居、「乗合船《のりあいぶね》」の鳶頭にも出演している。

声

吉右衛門の魅力の一つが声だ。腹から出てずしりと心に届く時代物の声と活殺自在な台詞術で心地よく耳に響く世話物の声。だが、若き日は声に悩んだ。今の声は長年の努力により、作り上げられたものなのだ。

初代の十七回忌追善興行（一九七〇年九月帝劇）で二代目が演じた「熊谷陣屋」の評で、水落潔は「吉右衛門は、裏声が非常に震える欠点がある。（中略）若手でも傑出した才能の持ち主だと認めるが、発声に難がある」（「演劇界」）と指摘している。「初代は九代目團十郎さんなどと比べると声量のある人ではなかった。だからこそ工夫を重ねた。声を裏に返したり、そのまま出したり。つまり播磨屋の芸は自由自在に音を使えないとダメなんです。台詞回しが音符に書けるほど複雑になっている」

例えば「熊谷陣屋」の熊谷の物語の中で熊谷直実が平敦盛を呼び止めるくだり。「『おおーい』という声を段々大きくしていって、ある所で裏に返す。そのまま大きく声を出すと調子をやる（声をおかしくする）ので、ずっと声を大きく出しているかのように聞かせるテクニックです。ところが僕は、小学校五年生から始まった声変わりが長く続き、舞台で無理に発声して声帯を痛め、襲名の時も声がダメでした。声を裏に返せない。それと両方の鼻が詰まる。鼻づまりで夜中に苦しくて眠れないほどで、この二つをどうにか治したいと思っていました」

芝居の共演者から「いい耳鼻科の医者がいる」という情報を得たのはそんな時だった。

「ちょっとした手術で治ると。わらにもすがる思いで、連れていっていただきました」

訪れた医院の入り口には、車体に菊の紋が描かれた紫のロールスロイスがとまっていた。

「広い診察室の中に、アルコール漬けの鼻茸のいっぱいに詰まったガラス瓶が山と積まれ、たくさんの患者さんが『先生のおかげで楽になった。先生は神様だ』と褒めたたえていました」

不気味に思いながらも医師にあいさつをすると「『ナントカの宮様をご存じか。あそこにいらっしゃる』と隅を指さしました。そこにはおやじが映画で演じた明治天皇(「日本海大海戦」一九六九年東宝)のような立派な顔をした方が座っていらした……」。

鼻の中の腫れる部分を取ればいい、すぐに手術するかと尋ねられ、「あまりにうさんくさいので左側だけお願いしました。『一週間ぐらいしたら右をやりましょう』と言われました」

確かに鼻は詰まらなくなった。

「一週間たってもう一回行こうかと思っていた矢先、新聞にその先生の逮捕記事が出ました。法に触れる医療で、宮様も偽者だったようです」

荒療治で鼻詰まりは治ったものの、声は依然として出ない。正子は清元の稽古をすすめた。

「清元は裏声も使うし、かなりの低音も出す。それが役に立つのではということでした」

指導を仰いだのは清元志寿《しず》太夫。高音の美声で人気が高く「隅田川《すみだがわ》」や「雪暮夜入《ゆきのゆうべいり》谷畦道《やのあぜみち》（天衣紛上野初花《くもにまごううえののはつはな》）」の「忍逢春雪解《しのびあうはるのゆきどけ》」の名演で一世を風靡《ふうび》した太夫である。晩年まで舞台に出て、一九九九年に百歳で亡くなった。

「ずいぶん訓練をしていただき、息子さんの小志寿太夫さんにも見てもらいました。小志寿お師匠さんは、口の開け方から始まり、どうしたら声が出るかをいろいろ教えてくださった。ばばっちい声と言うのですが、変な声が出ても気にせずにそのまま歌う。しわぶきをしたりするのが一番声帯によくない。構わずやっているうちに血流がよくなり、自然に声が出るようになるんだということなどをね」

「夕立」を手始めに「保名《やすな》」「三社祭」など芝居でおなじみの曲を次々とさらい、声が万全になるまで稽古を続けた。

「今のように声が出るようになったのは小志寿お師匠さんのおかげです」と謝意を表し、「あやしい手術の効果も多少はあるかなあ」とこちらには苦笑した。

歌右衛門

歌舞伎俳優が初めての役を演じる際には、得意とする先輩に教えを請うことが多い。だが、改まった指導ばかりが勉強ではない。楽屋の雑談の中で、ふともらされる一言が糧となることもある。明日の舞台に生かすのも、聞き逃すのも本人次第だ。ここでは初代の相手役をつとめ、その演技を熟知していた名女方、六代目歌右衛門にまつわる思い出を紹介する。

歌右衛門は名優、五代目歌右衛門の次男に生まれ、若くして吉右衛門劇団の立女方に抜擢《ばってき》を受け、歌舞伎界をリードする存在となった。二〇〇一年に八十四歳で没した。

「おじさんには、子供のころからいろいろと教えていただきました。『勧進帳』（一九五八年九月）の義経を十四歳で初演した時も成駒屋（歌右衛門家）型をご指導いただき、一九七二年十月に弁慶、富樫、義経の三役を役変わりで演じた際にも義経は僕だけ成駒屋型でつとめました」

まずは吉右衛門が初代の当たり役にした「河内山《こうちやま》」の河内山宗俊《こうちやまそうしゅん》をつとめた時のことから。河竹黙阿弥作の「天衣紛上野初花」の中で、河内山の活躍するくだりである。河内山は幕府に仕えるお数寄屋坊主でありながら、ゆすりも働く悪党だが、大名の松江侯に言い寄られて困惑する町娘の浪路を助けるために輪王寺宮の使僧に化けて屋敷に乗り込む。初演は一九七二年十二月の帝劇で、翌年三月に京都南座で再演した。

「南座には歌右衛門のおじさんもご出演でした。出番が終わってから楽屋にうかがうと、モニターで聞いていらしたおじさんに『違うね』と言われました。どこが違うんでしょうと尋ねても『どことは言えないねー。良かったね、初代は』とおっしゃるばかりでした」

初演は白鸚に教わり、再演では、初代のスタジオ録音のレコードとＮＨＫに保存されていた舞台中継のテープを参考にした。

「レコードは若いころで、舞台の録音は晩年のもの。レコードに比べると舞台録音は台詞の間合いが遅い。初代も年を取ったからだろうと思い、南座の時はレコードのように早く運びました。そのころの僕には舞台録音に残る初代の演技の良さが分かりませんでした」

一九八一年十二月に再度南座で演じる機会を得た。今度は思うところがあって晩年の録音を手本にゆっくりと台詞を言ってみた。顔見世興行中の同劇場には歌右衛門も出演していた。

「楽屋でおじさんに、『良くなったよ』と言われました。それが僕の自信に繋がっています」

河内山は身分こそ高くはないが、普段から大名を相手にしている男だ。

「市井の人間とは違う。小悪党に見えてはダメなんです。松江侯が小僧に見えるぐらいでなければいけない。玄関先で松江家の重役の北村大膳に正体を見破られ、『大膳はそれを知っていたか』と笑う場面がありますが、その時も吉右衛門ではなく河内山の笑いにならなくてはいけない。歌舞伎芝居の中での河内山の位置や大きさを、おじさんは教えてくださろうとしたのだと思います」

初代の『吉右衛門自伝』（啓明社）にも「河内山は玄関先の笑ひが一番難しいと思ひます」とある。

「籠釣瓶花街酔醒《かごつるべさとのえいざめ》」では歌右衛門の八ツ橋で相手役の佐野次郎左衛門をつとめた。吉右衛門の初演は一九七九年六月の新橋演舞場で、歌右衛門の指名であった。この狂言は成駒屋（歌右衛門家）にとっても、播磨屋（吉右衛門家）にとっても縁の深いものである。

三世河竹新七の作で、初上演は一八八八年五月。次郎左衛門は初代市川左團次、八ツ橋は五代目歌右衛門（当時・福助）であった。明治、大正、昭和の歌舞伎界に君臨した五代目歌右衛門の出世役のひとつである。

全編を通せば籠釣瓶（村正）と呼ばれる妖刀にまつわる因果話だが、もっぱら上演されるのは吉原の遊女、八ツ橋と彼女に惚《ほ》れて通いつめる次郎左衛門の悲劇だ。八ツ橋は二人の仲に嫉妬した愛人の栄之丞にそそのかされて次郎左衛門との縁を切り（愛想づかし）、後に次郎左衛門に斬殺される。

次郎左衛門役は初代も得意とした。初代の初演の際に相手役の八ツ橋を演じたのが五代目歌右衛門の長男、五代目中村福助であった。七代目中村芝翫の父で、三十三歳の若さで没した美貌《びぼう》の女方である。そして一九四七年十月の東劇で初代は、五代目歌右衛門の次男の六代目歌右衛門（当時・芝翫）を八ツ橋に抜擢した。その成果により歌右衛門は翌年に芸術選奨文部大臣賞を受賞した。

八ツ橋は歌右衛門の揺るぎない当たり役となった。相手役の次郎左衛門は、共に吉右衛門劇団で初代の教えを受けた白鸚か十七代目勘三郎がつとめていたが、新橋演舞場公演の際に歌右衛門はあえて「若い人を」と希望し、吉右衛門を抜擢したのである。

「次郎左衛門を覚えておいてもらおう、というお考えだったのでしょう。初代もおじさんにいろいろ注文を出したことと思いますが、僕は大抜擢だったし、おじさんも厳しかった。『初代はこうやっていた』と随分教えていただきました」

佐野から出てきた商人の次郎左衛門が、吉原で花魁《おいらん》道中に遭遇し、八ツ橋の美しさの虜《とりこ》となる「見染め」からすべてが始まる。

「道中に付き添う禿が綺麗だなと次郎左衛門が見とれて後ろに下がった時に、八ツ橋にどーんとぶつかる。ただ下がるだけじゃダメです。それに後ろを見てはいけないから間合いが難しい。下がって、ふっと上を見たら、ものすごく綺麗な人がいた。おじさんが実際にやって見せてくださいました」

次郎左衛門は顔中にあばたの浮いた醜男《ぶおとこ》である。その次郎左衛門に向かい、八ツ橋は嫣然《えんぜん》と微笑む。その笑みに次郎左衛門と共に観客も陶然となるわけで、そこが趣向でもある。

「おじさんは、『見染めは誰でもできる。その次の立花屋見世先が一番難しい』とおっしゃいました」

前場から半年が経過している。次郎左衛門は八ツ橋恋しさに吉原に通いつめ、既にちょっとした顔になっている。

「前よりはすっきりとして遊びなれて来ている。でも所詮《しょせん》、地方から出てきたお大尽です。それがうきうきしている気分を出したり、思わず笑ってしまうような人の良さや、八ツ橋に首ったけというところを見せる。そこが一番難しいと。ようするに僕の演技がなかなか気に入っていただけなかった。毎日ダメが出ました」

姿についても注文があった。

「顔に判子《はんこ》のような物であばたのボツボツを付けるんですが、その数が足りないとも言われました。着物の着方も最初は野暮《やぼ》ったく、その次はちょっと粋に。家に帰ってからも、どうやったらうまく出来るかとあれこれ思案を巡らし、食事も喉《のど》を通りませんでした」

知人や廓の人々のいる中で手ひどく振られた次郎左衛門は怒りを抑えて一旦《いったん》は引き下がるが、後日廓に行き、八ツ橋を呼び、持参した籠釣瓶で斬り殺す。

「愛想尽かし（縁切り）をされた時に次郎左衛門が言う『花魁、そりゃあんまり、そでなかろうぜ』も毎日ダメが出ました。次郎左衛門が八ツ橋を殺す大詰めの『立花屋二階座敷』では、最初から殺意を見せるやり方もあるけれど『初代は違ったよ』とおっしゃいました。以前のことはすっかり忘れたようにニコニコしている。だからこそ八ツ橋をはじめ、みんな油断して平気で会いにくる。最初から怖い顔をしていたら、みんな逃げ出すよって。妖刀の因果というより、女に振られて狂った男の哀れさが見どころではないでしょうか」

弱点

吉右衛門が松竹に戻ったころ、初代吉右衛門、六代目菊五郎没後の戦後歌舞伎を支えた名優たちは、まだ現役として活躍中であった。それは「戦後歌舞伎」の充実期であったと、この時期にかろうじて間に合い、舞台を直に目にすることの出来た私は思う。

弱点を克服し、新境地を見いだそうとする吉右衛門は、彼らに積極的に教えを請うた。「声」への取り組みでも分かるように、課題を見つけるや目標に向けて邁進し、芸の壁を打ち破っていった。

「初代は英雄、豪傑など固い役を得意としました。僕も若いころから初代と同系統の役を多くつとめ、役者ぶりも固かった。それをどうにかしたいと考えました」

指導を仰いだのが二枚目役者の十四代目守田勘弥であった。勘弥は白鸚の三歳上の一九〇七年生まれ。長女は二代目水谷八重子。養子が坂東玉三郎である。「伊勢音頭恋寝刃《いせおんどこいのねたば》」（一九七三年八月国立劇場「木の芽会」）の福岡貢、「雪暮夜入谷畦道」の片岡直次郎（同十二月帝劇）、「十六夜清心《いざよいせいしん》」（一九七四年四月歌舞伎座）の清心、「源氏店」の与三郎（同八月国立劇場「木の芽会」）の四役を教わった。

「少しでも柔らかみをつけたかった。どんな役をするにも身体に色気があった方がいい。与三郎の時には『教わりに来なければならない奴は来ないのになあ……』と気が進まぬ様子のおじさんに、『どうしても教えていただきたい』と頼み込みました」

演劇評論家の藤田洋は直次郎（直侍《なおざむらい》）を「意外な掘り出し物は『直侍』だ。吉右衛門初役の直侍は、セリフ回しを、もうひとはけ手強くしたいが、鼻に抜ける呼吸のうまさ、いかにも遊び人らしい身ごなしなど、らん熟した幕末の情景を濃く出している」（産経新聞）とほめている。

叔父の二代目松緑には「義経千本桜《よしつねせんぼんざくら》」の権太や「仮名手本忠臣蔵　六段目」の勘平、「文七元結《ぶんしちもっとい》」の長兵衛など音羽屋（菊五郎家）系の役を主体に教わった。そこには強い思いがあった。

「若いころ、兄貴と僕は細くて背が高く、姿が似ている上に、実父から教わる物も同じ。役どころも共通していました。ならば年上の兄貴がどうしても先に役をつとめることになります。その域を脱するには、こちらが違う役柄を開拓し、自分を変えていくしかないと思いました」

例えば勘平など菊五郎型は煙管《きせる》を落とす位置まで細かい手順が付いている。「計算されつくしていてすごいなと思いました。勘平の時は『お前も俺もでっかいからなるべく下を向いていればいいんだ』と教わった。その通りにやったら、評で『下ばかり向いている』と書かれてしまいました」

初代の弟である十七代目勘三郎の演技にも刺激を受けた。十七代目は芸域が広く、若衆から二枚目、時代物の武将、女方、老け役までを演じた。特にその声について考えるところが多かった。

「それほど大きな声を出していらっしゃるわけではないのに、書き物（新作）でも世話物でも三階席まできちんと声が聞こえる。いろんな場所に行って確かめてみても同じでした。『どうしてそんなに声が通るんですか』『教えてやんない』。僕も兄さん（初代）にずいぶん厳しく言われたからね』。教えてはいただけませんでしたが、言葉の切り方に秘密があるらしいと分かりました」

渋る相手から教わるこつというのはあるのだろうか。

「食い下がるしかないですね。台詞を覚えてから伺うのはもちろんですが、まずその方の舞台を見て大体のところは覚えておく。でありながら、自分は何も分からないという気持ちで教えていただく。それが理想です。『それは分かっています』と言うのは絶対に良くない。知っていても『はい、はい』と聞く。たとえ相手が間違った台詞を言ったとしても『はい』と答える。何も教えてくださらない方には『それはどういうことでございましょうか。おじさんはこうやっていらっしゃいますけれど、今こういう風に教えていただきましたが、そこはどう違うんでしょうか』と尋ねる。こちらが熱心に尋ねれば、それに応えてくださる。僕はそうしました」

白鸚

白鸚が没したのは一九八二年一月十一日。七十一歳であった。

死に至る病となった皮膚がんの一種が発見されたのは、一九七九年十一月の国立劇場公演「元禄忠臣蔵」の初日直前で、既にかなり進行した状態であった。医師はすぐに手術することを勧めたが、本人の出演意思は固かった。白鸚の大石内蔵助により一九七八年から三年がかりで同劇場を舞台に「元禄忠臣蔵」を全編上演する計画の二年目の年であった。周囲の懸命な説得で初日だけは出演し、二日目からは吉右衛門が代役をつとめることで落ち着いた。

「こういう訳《わけ》だと聞かされたのは初日の三日前です。『あなたが代わりなさい』と母親に言われ、しゃかりきになって台詞を覚えました」

「元禄忠臣蔵」は、劇作家、真山青果の代表作のひとつで、実説の忠臣蔵物である。最初の年の一九七八年十一月には「江戸城の刃傷」「第二の使者」「最後の大評定」が上演され、二年目の一九七九年は続く「伏見撞木町《ふしみしゅもくちょう》」「御浜御殿綱豊卿《おはまごてんつなとよきょう》」「南部坂雪の別れ」の予定であった。内蔵助は「撞木町」と「南部坂」に出演する。「綱豊卿」では吉右衛門は徳川綱豊に配役されていた。台詞の多い青果作品で、二つの大役をつとめることとなった。

「三日間徹夜しました。若かったので覚えられたのだと思います」

白鸚が一刻を争う病状であることは伏せられた。吉右衛門は二日目の十一月五日から同二十六日の千秋楽まで、つつがなく舞台をつとめたが、内蔵助の台詞を覚えていたことで思わぬ疑惑を招く。

「吉右衛門に役をやらせるための、ニセ病だとおっしゃる方がいました。急なことなのに膨大な台詞を覚え過ぎていると……」

「撞木町」には、吉良上野介仇討ちの意思を含めて去就が注目される内蔵助が、世を欺くために花街で遊びほうける姿が描かれる。「南部坂」は仇討ち決行を前に、浅野内匠頭の妻、瑤泉院《ようぜんいん》の元を訪ねるが他聞をはばかり、真相を打ち明けかねる内蔵助の姿が見せ場となる。

どちらの場面でも内蔵助は耐えていた。そして同じように吉右衛門は、私生活でもいわれなき非難にひたすら耐えていた。

白鸚は同月五日から翌一九八〇年の四月七日まで入院した。九月に舞台復帰し、十一月には「初代白鸚、九代目幸四郎、七代目染五郎」の三代襲名公演を一九八一年十、十一月の二カ月間、歌舞伎座で行うことが発表された。襲名は病気の発覚以前に白鸚自身が決めていた。

襲名興行最中の十月二十日には白鸚の文化勲章授章が発表された。だが喜びの陰で病は進行していた。十月公演は十三日から「加賀鳶」の松蔵を休演した。十一月公演は「井伊大老」の井伊直弼を十六日から休演。吉右衛門が代わりをつとめた。相手役のお静の方は、若き日から相手役を多くつとめて来た歌右衛門であった。これが白鸚の最後の舞台になった。

「見ていてもつらかった。昔の人だから舞台で死ねれば本望という気持ちもあったかもしれません」

歌右衛門は当時の状況を、「昨年十一月『井伊大老』でご一緒したのが最期の舞台となってしまいました。（中略）気力で立っていることが痛いほどわかりました」（毎日新聞）と訃報《ふほう》記事の談話で語っている。

没後に正子は「白鸚と私」という一文に当時のことを記した。「『井伊大老』はいまでも瞼の中に残っています。癌である事を承知して、死期を悟っての三代襲名の最後の舞台でした。『お静の方』をおつとめ下さった成駒屋さんがおっしゃる通り、最後に最高の演技を見せてくれたと思っております。でも私には演技とは思い切れない所があるのです。死を予感した白鸚が、そのまま舞台にいたような気がするのです」

（『初代松本白鸚の世界』北隆館）

再びの闘病生活が始まった。白鸚の人並みはずれた我慢強さは病床でも発揮された。

「リンパの検査で、足の先から注射器で血管造影剤を注入する。大変な痛みがあるそうですが、微動だにしない。神経がマヒしたのだろうかと、医師がちょんと針で刺したらピクッと動いた。耐えていたんです。お医者さんから『すごい方ですね』と言われました」

妻子にすら苦しさを訴えなかった白鸚が、ただ一人泣き言をもらした相手がいた。弟の二代目松緑である。

「『痛くて堪らない』と書かれた手紙を『こんなのが来たよ』と僕らに見せてくれました。『家族には痛いと一言もいいません』『そうだろうなあ。兄貴はそんな奴だ』。男として、どこからを痛いと表現していいかが分からない。こんなもので痛いと言ったら男ではない。そんな感じだったんだと思います。見舞ったおじさんの手をじっと握ったそうです」

最後の言葉は亡くなる当日に正子に向かっての「芝居にいってたのか、まだはねていないのか」（毎日新聞）だったと記されている。

自宅での最期は正子と子供たちが看取《みと》った。

「長男に幸四郎を譲り、自分には白鸚という名前を作り、孫に染五郎を継がせて三代で襲名公演をし、全部きれいにやり終えて実父は死んでゆきました」

戸板康二は追悼の中で「それにしても、俳優としての暦を、まるで予定していたように閉じ、生涯を終わる前に『松本白鸚』という大冊を、みずから装本したとでもいうような、みごとな最期である」（毎日新聞）と記した。

葬儀は一月二十九日に青山葬儀所で行われ、約二千人が列席した。

吉右衛門が襲名を機に本名を最初の名の久信から、初代と同じ辰次郎に改めると、白鸚は「辰次郎さん」と「さん」付けで息子を呼び始めた。

「そう呼んでくれたのはおやじだけでした。おふくろは、自分の父親の名で息子を呼んだりできない、ということだったんだろうと思いますが」

師である初代の名を名乗った以上は、実の子といえど敬意を払おうとする律義さがうかがえる。白鸚は、そういう人であり、舞台にもその精神は反映されていた。

「こちらが十代、二十代のころは、おやじの演技が下手に見えた。初代のまねをしても、役者ぶりも声帯も違うでしょう。生意気にも言ってしまった。『もっと自分のものを出したらどうですか』と。おやじは『うんうん』と答えた。『お前は初代のすごさを知らない。まねをしても追い付かないんだよ』と言いたかったのでしょう。でも、おやじを思いやっての発言だと分かるから、怒ったりはしませんでした」

五十歳を越してから、その見方が変化し出した。

「おやじの舞台のビデオを見返すと頭が下がる。魂が違う。心に迫る芝居をしている。役の魂、芝居の魂、役者の魂を伝えたかったんだということが、やっと分かるようになりました。おやじのやろうとしていたのは初代が目指した芸術で、誰にでも理解できるものではなかったのかもしれません。見る人を選ぶ。最たるものが『日向嶋』の自主公演でしょう」

師であり岳父である初代の芸への強い憧憬。白鸚は生涯をかけて初代の芸境を目指した。

「長生きしたらもっと芸が昇華していたんじゃないか。おやじの芸が少し分かりかけて来たと僕が言っても『何を偉そうに』と笑うだけでしょうが。技術では初代に劣るかもしれませんが、魂的には初代と同じか、あるいは越えていたと思います。でも『そんなもんじゃない、初代は』と言うでしょうね。そこまで尊敬できる人がいて幸せだったと思います」

「勧進帳」の弁慶、「熊谷陣屋」の熊谷、「仮名手本忠臣蔵」の由良之助、「寺子屋」の松王丸、「俊寛」の俊寛、「籠釣瓶花街酔醒」の次郎左衛門、「東海道四谷怪談」の民谷伊右衛門、「関の扉」の関兵衛など多くの当たり役を残して白鸚は逝った。吉右衛門にとってはどんな存在だったのだろう。

「普通の親子関係とは違うでしょうね。父というよりは芸の先生みたいな感じが強く、悩みごとがあっても相談するのは十年に一回ぐらい。『僕はそういう時は、座禅を組みに行った。よかったらそうしてごらん』と言われたことがあります」

死語に近くなった厳父のイメージが、そこにはある。

「元気な間は、おやじがいい役をし、僕には来ないわけだから、ライバルのようなところもあった。『自分の具合が悪いから、お前が代役をやれ』というような人ではありませんでした。死ぬまで役を貫こうとするタイプです。だから、僕がいろいろな役をできるようになったのは、おやじの没後です。それと、ものすごく冷たい言い方になりますが、みじめな姿で舞台に出てもらいたくはないという気持ちがありました」

身内ならではの思いと芸の厳しさの両方を実感させられる言葉だ。几帳面で机の引き出しなどもきちっと整理する人であった。

「子供のころに父の引き出しから、こっそり物を取り出して後で戻そうとしても、もう入らない。まるでパズルみたいに入れられていました。僕もまねをして整頓するんですが、途中で面倒くさくなってしまいます」

生真面目なのは少年時代からであったらしい。父の七代目幸四郎が『芸談一世一代』に人柄を偲ばせるエピソードを残している。大正七（一九一八）年ごろのことと書き出されているから、白鸚がまだ九歳のころだ。七代目は十一代目團十郎と白鸚の兄弟を連れ、浅草に自身が幼年時代に住んでいた家の辺りを訪ねた。七代目は、弟子入り以降の大部屋での苦労話などをした後、二人に「坊ちゃんで来られた自分たちについてどう思うか」を訊ねた。

すると長男の十一代目は「頭を掻《か》いて笑って」いたが、次男の白鸚は「私は今の境遇をかへって不仕合せだと思ひます」と答えた。不思議に思った七代目がさらに問い質《ただ》すと、白鸚は「なまじ坊ちゃんで他人混りをさせられないと、芸の範囲も狭く、真実の修業ができません。かへって大部屋から順序を追って修業した方が身の為だと思ひます。それでないと稼がなければならない時に苦労しますから」と返答した。

九歳の少年の考えとは思えない程にしっかりとしている。と同時に思うのは、幼くしてここまで目配りが利く人間は、長じてからも気楽には生きられず、いろいろな苦労を背負いこむに違いないということだ。白鸚の東宝入りは、まさに歌舞伎界全体の将来を見据えての行動であった。単に自分の一門のことだけを考えている俳優であったら、違う処し方もあったはずだ。

ことほど左様に誠実、謹厳な白鸚だが、実は役者らしい柔らかな一面もあった。弟の二代目松緑によれば、十一代目團十郎、白鸚、松緑という美男ぞろいの三兄弟の中で、一番女性にもてたのが白鸚だった。

寡黙と評され、初代吉右衛門以来の弟子の二代目吉之丞も「無口でしたねえ」とうなずいたのだが。

「中村屋さん（十七代目勘三郎）が、揚幕で芝居の出を待つ坊ちゃんたちに『順ちゃん（本名・順次郎）は家に帰ると何しているの？　テレビ見ているだけ？　おもしろくないだろうなあ』とおっしゃるのを聞いたことがあります。お宅でも、あまりお話しされなかったんじゃないですか」

だが吉右衛門は、実父の寡黙さについては同意しつつも、例外があったことを明かす。

「ずっと同じ楽屋にいたから分かります。ファンの若いお嬢さんが楽屋に来ると、別人のように僕が驚くくらいぺらぺらとしゃべっていました。からかったり、『あの子はキャラメルちゃんだな』なんてあだ名をつけたり。男性の新聞記者が来て何か質問しても『はい』と短く答えるだけなのに」

それで「無口」と評されるわけである。女性に関する逸話は、ことに若き日に多い。

「大きな映画館で客席の一、二階のそれぞれに女性を座らせ、『ちょっとお手洗いに行って来る』とごまかして一遍に二人とデートしたなんて話を聞きました」

こちらは吉右衛門が二代目松緑から教えられた話。

「おやじが紀尾井町のおじさん（二代目松緑）たちと芸者衆を呼んで座敷遊びをしていた時です。紀尾井町が廊下に出ると別の部屋から声が聞こえてくる。のぞくと、おやじが窓の手すりに腰をかけ、お相手の芸者さんに『ご覧よ、あの月を。いい月だよ』。おじさんは『しんねりやっていやがんの。きざだね』とおっしゃっていました。そっと抜け出していつの間にかいなくなる。付いたあだ名が潜航艇です」

結婚後も、自宅を離れた京都では、羽を大きく伸ばしていたらしい。

「『高麗屋さん（白鸚）は、しゃれた遊びをなさいました』とお茶屋の女将さんから聞かされました。南座の顔見世が終わった後に『これから何人で行くから』とお茶屋に連絡し、来たら食べて遊んで一時間ぐらいでさっと引き揚げるんだそうです」

まるで「仮名手本忠臣蔵 七段目」の祇園一力茶屋で遊ぶ由良之助のようだ。もてたのがうなずけるし、由良之助が良かったはずである。

もう一つ。同じ京都での、ちょっと色っぽい話。

「映画の撮影でおやじが一人で滞在中のことです。おふくろが連絡なしに宿を訪ねたら、女性と一緒にいたらしい。とっさに相手を逃がしたおやじが、布団の中に寝乱れた姿でいた。顔についたキスマークを見とがめたおふくろが、『これは何なのよ』と詰問したら、『今、お前がつけたんだ』と言い張った。あきれたおふくろが一つ話にしていました」

「演劇界」（一九八一年十月号）ではインタビュアーの土岐迪子《ときみちこ》に「女のことじゃ散々苦労をしております。ただし僕は玄人専門。花柳界で遊んだのは、僕たちの年代が最後でしょうね」と語っている。ある時期までの歌舞伎俳優の遊びっぷりがうかがえる。

こんぴら歌舞伎

江戸時代の風情を残す芝居小屋「旧金毘羅大芝居《きゅうこんぴらおおしばい》」(香川県琴平町《ことひら》)では、例年四月に「四国こんぴら歌舞伎大芝居」の名を冠した歌舞伎公演が行われる。だが一九八五年六月に第一回公演が実施されるまで、劇場は長い眠りの中にあった。発足の端緒を作った一人が吉右衛門である。

テレビのトーク番組「すばらしき仲間」(TBS系)の収録で前年七月に澤村藤十郎、中村勘九郎(十八代目勘三郎)と同所を訪れたのがきっかけであった。天保六(一八三五)年創建の、花道、セリ、スッポンなどの舞台機構を備えた七百人規模の劇場に、吉右衛門はすっかり魅了された。

多くの名優が舞台に立った同座も時流には抗しがたく、劇場としては使用されなくなり、当時は国の重要文化財として保存されるのみであった。「小屋が『ここでやってくれ』と呼んでいる」と確信した吉右衛門たちは地元と一体となって松竹の賛同を取り付け、公演実現へとこぎ着けた。ところが難題が降りかかる。

「新たに発信するものでなくては重文の建物で上演するにふさわしくない。『新作を作れ』とのお話でした。と言っても他人にお願いする時間はもうありません。自分でどうにかしようと思いました」

以前に古書店で求めた本の中から見つけ出したのが「遇曽我中村《さいわいそがのなかむら》」。僧の清玄が桜姫の色香に迷う「清玄桜姫《せいげんさくらひめ》」物だった。

「おもしろい。これを何とかしようと思いました」

松貫四《まつかんし》の筆名で脚色し、義父の山本一次にもアドバイスをもらって完成させ、「再桜遇清水《さいかいさくらみそめのきよみず》」と名付けた。自身が清玄と奴浪平の二役で、澤村藤十郎が桜姫を演じた。完成度は高く、二〇〇四年四月の第二十回記念公演で再演されている。

「一回公演の時は楽屋に風呂がなかったので、顔をした（化粧をした）まま近くのホテルに行き、そこで化粧を落としました。焼酎火《しょうちゅうび》（人魂などの表現に用いる火）を使う度に小屋を消防車が取り囲んでね」

不慣れさゆえの出来事もいろいろあったが、六月二十七日から同二十九日までの三日間五回の公演は大入りとなった。吉右衛門は翌年の二回公演（四月二十七日から同二十九日）にも出演し、「幡随長兵衛」の長兵衛を演じた。この時は同県内の牟礼町にアトリエを構える現代彫刻の巨匠、イサム・ノグチも観劇に訪れた。

時期を四月に移して興行は続き、日数も増え、今では春の風物詩として定着している。好評を受けて公演回数も増え、二〇一六年の第三十二回には十六日間三十二公演が行われた。吉右衛門は一九八六年以降は一九九九年の「十五周年記念歌舞伎舞踊公演」と二〇〇四年、二〇〇五年、二〇一二年の公演に参加している。

江戸時代の芝居小屋と同規模の劇場に出ることには、単に芝居を演じるという以上の意味があった。歌舞伎には昔の俳優の口伝、秘伝が多く残されているが、その意味に気づかされたという。

「例えば足を愛らしく見せるために女方が小さめな草履を履く、という口伝があります。今は客席から役者の足元まで目に入る場合は少ないので、そんな必要はない。ですが、『こんぴら』では、踊りなら役者の足さばきまでが全部見えます。昔の芝居小屋では、すべてが見えたからこそ、足元を注意する口伝もできたのでしょう」

舞台と客席の距離。それは演技にも影響する。

「お客様が芝居に即座に反応してくださる。『こびる芝居をするな』『手をたたかせる芝居をするな』と昔から戒められて来ました。大劇場の三階席後方まで演技を理解していただくには、オーバーにした方がいいという意見もあるでしょうが、『こんぴら』のような空間でそうすると真実味が出ない。逆にわざとらしく映る。役で芝居に打ち込めば、十分にお客様は理解し、身を乗り出してくださる。そのことがよく分かりました」

化粧法についても発見があった。

「自然光を取り入れているので、薄塗りの方がきれいに見えるし、顔を赤く塗る敵役の赤っ面がきれいに見える。厚く塗ると表情の変化が分からないんですよ」

実母

同じ伝統芸能の世界で生きる場合は、父子といえども師弟の色合いが濃くなる。傍目には、その距離感が他人行儀にすら思えることがある。大抵は母親が父子間の緩衝材となるのだが、白鸚家の場合はそうではなかった。なにせ、妻の正子は明治、大正、昭和の歌舞伎界をリードした名優、吉右衛門の愛娘であったのだ。

「母親という感覚はあまりなく、実父と同様に芸の師匠みたいな感じでした」と吉右衛門は振り返る。子に安らぎを与えるというよりも、叱咤《しった》激励する存在であった。いわゆる母の部分を、ばあやの村杉たけが補っていた。

正子は幼き日は舞台にも立ち、踊り、唄など芸事一般にも通じた。交友の広い初代のそばにいたため、その道の一流の人間とも多く接し、「耳学問で、何でもよく知っていた。建築についても本職がびびるくらい詳しかった」。

吉右衛門の幼友達の作曲家、村井邦彦も「やたら趣味のいい人」と評する。「和室に洋家具を置いたり、日本家屋を機能的に洋風にアレンジしたり。男性のように地味な物を着たかと思うとモダンな洋装をして子供心にも『格好いい』と思いました」と懐かしむ。

初代の芸をこよなく愛した正子は、息子にも高いレベルを要求した。「よちよち歩きのころから名人上手の芝居を見ているので、目は肥えている。おまけに耳がいいから、台詞の細かいところまで覚えていて、それを全部こちらに要求した。六歳くらいまでは、出来ないとよくひっぱたかれもしました」と吉右衛門は苦笑する。

小学校入学前に海に放り込まれたこともある。場所は遊びに来ていた千葉県の館山海岸。息子に泳ぎを覚えさせるつもりだったのか。

「溺れて耳に水が入り、内耳炎になりました。おふくろも養子に出そうとする子に何かあったらいけないと必死だったのでしょう。当時は手に入りにくいペニシリンを進駐軍関係から調達してきた。動かないように看護婦さんに押さえつけられ、耳の後ろに注射された時の怖さは、今でも覚えています」

ひいき客などへのあいさつのため、劇場にも頻繁に足を運び、芝居を見ては楽屋で厳しく指摘をした。

「それまで役者の女房はあまり芝居（劇場）に行かないものでしたが、おふくろは役者の娘で子供のころから出入りしているから平気でした」

幼いころには黙って聞けることでも、自意識が芽生えればそうはいかない。軋轢《あつれき》も生じる。吉右衛門も反抗を試みた。最初は中学生時代の、髪の毛を巡っての攻防である。

「刈り上げの頭、昔でいうGIカットにしたんですよ。学校の規則は坊主刈りだけれど、その方が格好いいと思ってね。おふくろは怒ってね。『何よ、この髪の毛は』と言って大喧嘩。あげくに、ハサミで髪の毛をバシャバシャ切られた。おふくろと僕の喧嘩は激しかったなあ」

次が芝居へのダメ出しである。

「ずっと役者をやっていた人ではないでしょ。反抗期以降は、なるべく近づかないようにしていました。自宅で何か言われるのも嫌だから、車を運転してよく遠くへ逃げ出していた。おやじはおふくろに全幅の信頼を置いていましたが。おふくろは、僕のことをしまいにはあきらめていましたね」

と言いつつも、母の厳しい目は常に意識していたのだろう。「滝の白糸」（一九七二年六月国立劇場）に村越欣弥役で出演中のことである。

「大詰めの裁判の場面まで時間が空いていました。大劇場の横にとんぼ（宙返り）の稽古をする『とんぼ道場』があった。昔は得意だったので時間つぶしにやってみようと思い立ち、そこでとんぼを返ったら、ひねって足首を捻挫《ねんざ》してしまった。バキッと音がした瞬間、『何やってんの、あんた』と怒るおふくろの顔が、宙にアップで浮かびました。確かに声まで聞こえたんです。そのころ、おふくろのことが、よっぽど怖かったんでしょうねえ。舞台は休みませんでしたが、足が腫れて下駄も靴も履けなくなった。裁判所の場面では、机で足元が隠れるので裸足で演じました」

正子は徒労に終わろうとも、晩年まで舞台を見ては、気づいたことをびっしりとメモ書きにし、吉右衛門夫人の知佐に「こう言っておいてね」と託した。

一九八二年の白鸚没後には小唄の流派の松派を起こし、自ら「松の寿」「女の四季」などの曲も作り、松正子を名のって家元として活動した。

「『お嬢さんのお遊び』程度に考えた方もいたようですが、僕が言うのも何だけれど唄はうまく、けっして片手間仕事ではありませんでした」

だが元来が病弱であった。動脈瘤《りゅう》破裂で入院し、約一カ月の闘病の後、一九八九年八月二日に六十五歳で没した。病名は肝硬変であった。

入院中に、吉右衛門主演のテレビドラマ「鬼平犯科帳」の一回目の放送があり、正子は病床でテレビを見た。その昔、白鸚が主演したシリーズである。

「とても喜んでいました」と知佐。

舞台のみならず、愛した夫の作品をテレビでも息子が引き継いだ。

「ほめられたことはありません」と吉右衛門は言い切るが、口にせずとも心の中は感謝の思いで、いっぱいであったに違いない。

長谷川平蔵

テレビでの当たり役となった長谷川平蔵を演じるドラマ「鬼平犯科帳」（フジテレビ系）の放送開始は一九八九年七月十二日であった。実父、白鸚の鬼平でもドラマ化（一九六九年より）された池波正太郎作品である。

「最初にお話が来た時は四十歳。実父のイメージが強烈でしたし、私も歌舞伎ではまだ若手の部類で、とても平蔵のように人を引っ張って行く人物には見えない。お断りしました」

松竹を通じての再度の出演依頼に応じたのが四十五歳。「長谷川平蔵（鬼平）が、火付盗賊改方長官になったのも四十五歳。同年なのが不思議で、もういいかなと思いました」

小説の鬼平は池波が白鸚を想定したとされ、「先代の松本幸四郎（白鸚）がテレビでも芝居でも平蔵そのものになりきってくれた」（『作家の四季』講談社文庫）と池波自身が記している。

白鸚没後に丹波哲郎と萬屋錦之介主演でも放送されたが、「何度目かのテレビ化のはなしがあり、私はぜひとも四代目の鬼平を吉右衛門さんに演じてもらいたかった。このはなしがまとまるまで、五年かかった」（同書）。吉右衛門起用が、作者の強い希望だったことが分かる。

「鬼平」は何度か舞台化もされているが、白鸚の頼みで池波自身が脚本を書いたのは一九七一年四月に明治座で上演された「鬼平犯科帳　狐火」だけである。平蔵を白鸚、盗賊の二人の息子で対立する又太郎を幸四郎（当時・染五郎）、文吉を吉右衛門が演じた。

その時の様子を池波はこう記した。「吉右衛門さんは、いまよりも瘠せていて、無口だったが、神経がピリピリしているような感じを受けた。演出も私がやったけれども、吉右衛門さんは何だか、気が乗らないように見えた。ところが、舞台にかかると、毎日、演じ方がちがっている。そして、一日ごとに、深味が増してきて、びっくりしたものである」（同書）

池波が平蔵に吉右衛門を望んだ理由は、この時に受けた強い印象にあった。出演にあたり吉右衛門は、制作側に一点だけ、「原作に基づいたオーソドックスな時代劇に」と注文を出した。

「立ち回りなどアクションの場面は派手でいいけれど、そうでない部分に、武士の世界や江戸の良さと雰囲気を出したかった。そうでありながら、制作のアイデアで、エンディング曲をジプシー・キングスの『インスピレイション』にしたミスマッチ感も良かったのでしょう」

一回目の放送終了後、京都で撮影中の吉右衛門に池波から電話が入った。

「『良かった』と言われ、ほっとしました。原作の鬼平には実父の仕草、雰囲気が取り込まれている。歌舞伎役者は、まねは得意です。最初はおやじの模倣から入りました」

第一話の「暗剣白梅香《あんけんはくばいこう》」が視聴率一六・一パーセントと好スタートを切り、二〇パーセント超えもしばしば。二〇〇一年まで九シリーズ百三十七本が制作され、映画化もされた。原作が尽きての番組終了後も新作を望む声は多く、原作を再構成したスペシャル版が毎年のように作られた。

「ブームになりました。それまで『鬼平』のように風物から食べ物までの江戸情緒を扱った時代物はなかった」と制作に携わった松竹テレビ部の武田功部長は話す。「江戸」にこだわる吉右衛門の考えが図に当たった。

「歌舞伎の世話物は江戸時代の人間のリアルな日常生活の描写で、ドラマにも応用できる。平蔵の台詞は、ちょっとべらんめえ調にしました。撮影のことは僕には分からないから、芝居をするだけです。あとはスタッフの方たちにお任せしています」

現場には独特の雰囲気が漂った。

「映像の役者さんとは違う緊張感です。同心、密偵役と平蔵の間の空気感が、そのまま吉右衛門さんとレギュラー陣の間にもあり、身が引き締まる思いがした」と佐生哲雄同部プロデューサー。それがドラマに反映されたのも人気の理由であったろうか。

VHS、DVD化もされ、「トータルで百万本を超えています」(同社映像商品部坂本哲広マネージャー)。

だが、「鬼平」は幕を閉じることになった。最後を飾るのは「THE FINAL」と銘打った「五年目の客」「雲竜剣」の前後編二本立てで、放送は二〇一六年十二月。

シリーズは総数でちょうど百五十本。原作の再構成も限界にきたことと、自ら前線に飛びだし、敵地に乗り込み、切れのある立ち回りを見せるのが平蔵の真骨頂で、そのイメージを最後まで守りたいという吉右衛門の意向による。

すべての収録を終えた吉右衛門は「正直なところほっとしました。スペシャル版になってからは別ですが、レギュラー放送の時は、次から次へと追っ駆けっこで、三本ぐらい掛け持ちで撮ったこともありました」と思いを語った。

海外公演

歌舞伎は国劇と称される。能楽、文楽などと共にユネスコ（国連教育科学文化機関）の「無形文化遺産」にも記載され、日本を代表する演劇として海外で公演される機会も多い。吉右衛門の初の海外公演は一九九〇年夏。公演先はアメリカ中部であった。オハイオ州コロンバスから始まり、アトランタ、ミネアポリスなど六月四日から七月十四日まで一カ月半にわたり、十二都市で二十六公演を行った。

物事は、どっぷりと中に浸っている時よりも、俯瞰《ふかん》することで本質が見えてくる場合がある。この海外公演は、吉右衛門に新たな視点を与え、後の活動に影響を与えるきっかけとなった。それは出発以前に、まったく意図していなかった発見であった。

それまで主流であった知日派も多いニューヨークやワシントンなどの大都市中心の公演とは異なり、中都市が主体なのが特色であった。演目は「鳴神」と「身替座禅」。吉右衛門が鳴神上人と玉の井、澤村宗十郎が山蔭右京、中村福助が雲の絶間姫を演じた。

「大学の学園祭に合わせ、学内の劇場で東洋文化紹介のために歌舞伎を上演するのが主目的でした。行程は二万キロ。飛行機とバスであちこち移動し、VIP待遇などは一切なし。泊まるのもホテルというよりは、モーテルに近いような所ばかりでした」

初日のコロンバスでは、二代目吉之丞が、公演前に宿舎から出る劇場行きのバスに乗り遅れた。高をくくって徒歩で劇場へ向かう途中に劇場に隣接する広大な墓地に迷い入ってしまう。

「演劇界」(一九九四年二月号)の吉之丞のインタビューによれば、やっと出会った人に「劇場の地図を示して、ミーね、これ、分かった?」と歌舞伎公演のIDカードを見せて車に乗せてもらい、公演ぎりぎりに楽屋に到着した。

テキサス州のサンアントニオでは市の中心部を流れる運河でホテルから劇場まで船

乗りこみをした。

「紋付き羽織袴で船に乗りました。夏の炎天下で、川は大変な湿気。たまらなかった」

ジョージア州のアトランタでは定員四千五百十八人という大規模なフォックス劇場で公演を行った。歌舞伎座の倍以上の大劇場である。

「内部の装飾がオリエント調で、舞台上の、日本でいう欄間の部分に月が輝き、星が瞬き、雲が走る。それが芝居の最中にも動く。不思議な雰囲気でした」

学園祭ということもあり、観客は「東洋文化研究を専門にする学者や学生」がほとんどで、歌舞伎への関心は高かった。だが、熱心な視線を浴びながら疑問も覚えた。

「確かに喜んではいただけた。でも、舞台芸術としてではなく、極東の民俗芸能、東洋の不思議な文化として歌舞伎を見ているだけではないのか。日本人が京劇やシェークスピア作品を素晴らしいと思うのとは違う観点なのでは、と思いました」

劇場を一歩出て、土地の住民と会話をすると、「日本というのは中国のどこにあるんだ」と尋ねられることもしばしばだった。

「もちろん歌舞伎なんて知らない。歌舞伎はクラシック音楽やオペラのように、どこの国でも認められているわけではない。それを本当に『世界の歌舞伎』にするには、まず日本国内のどこででも『歌舞伎はいいものだ』と思ってもらえるようにしなければならないと痛感しました」

継承

この時の思いに後押しされて二〇〇六年に始めたのが、文化庁主催の「本物の舞台芸術体験事業」への参加だ。文化庁が演劇、ミュージカル、能楽、洋舞、邦舞、人形浄瑠璃、オーケストラなどの参加団体を募って経費を負担し、公演を希望する全国の小中学校との橋渡しをしている。

松竹の協力を得て二〇〇六年十一月には中国地方の十四小学校、二〇〇七年は十月に宮城、秋田、青森と北海道の十一小学校、二〇〇八年十一月には山形、福島、栃木、群馬、埼玉の十二小学校を訪れた。一行は俳優、囃子方、道具方ら総勢約四十人。私は二〇〇七年に仙台市の小学校、二〇〇八年に埼玉県本庄市の小学校の授業を参観したが、どちらも会場は体育館であった。

公演は二部構成。前方の舞台の幕が開くと現れたのは歌舞伎の「天竺徳兵衛《てんじくとくべえ》」や「児雷也《じらいや》」に登場するような一匹の大ガマ。一部の「歌舞伎の世界で遊ぼう」の始まりである。大きな口を開け、跳びはねて見せると生徒から笑い声があがる。ぱっくりと背中が開くと中から吉右衛門が登場する。乱れた銀髪を軽く整えると「歌舞伎のおもちゃ箱には本当におもしろいものがたくさん詰まっています」と前口上を述べた。

プログラムは目で見て、耳で聞くものが主体だ。説明はあまりしない。体験し、感じ取ってもらうことを重要視した。続いて俳優が中に入った「仮名手本忠臣蔵　五段目」でおなじみのイノシシが走り、試乗サービス付きの馬が舞台に出て、児童手作りの菜の花の上を児童作成の差し金の蝶々《ちょうちょう》が飛ぶ。事前に一座の俳優が各学校をまわり、花や蝶々作りの指導をしているのだ。ひとり用の小さな馬の「ほにほろ」に児童が入っての立ち回りもある。

さらには雨、風、海、川、雪、雷などの歌舞伎独特の効果音を囃子方が聞かせ、休憩時間には吉右衛門自ら校長に隈取《くまどり》をする。その周りにはたくさんの子供たちと保護者が集まり、絵心のある吉右衛門が筆と指で大胆かつ鮮やかに隈を取っていく姿を興味津々に見つめる。会場の体育館のそこここでは、長唄方が子供たちに三味線を指導し、囃子方が雨音や波音に使う道具に触れさせる。

二部の「実際に舞台を見てみよう」では、長唄連中が「勧進帳」の「滝流し」を演奏し、中村吉之助（三代目吉之丞）の「雨の五郎」と中村京妙の「鷺娘《さぎむすめ》」が披露された。勇壮な五郎と美しい女方の登場に歓声が上がる。こんな授業を受けてみたかったと心底うらやむ終了までの二時間であった。

東京では通年公演が行われ、隆盛と言われる歌舞伎だが、特に地方では一度も舞台に触れることなく過ぎていく人も多い。そこに危機感を持ったことが参加を思い立った大きな理由だ。

「歌舞伎は日本人が誇りにできるものだと思います。解説では、おもちゃ箱と言いましたが、先人から受け継いだ英知の結晶が詰まった宝の箱。捨て去るには惜しい。興味を持ってくれる人たちが多ければ、後の世にも残せます。そのためには知らない人に、おもしろさを伝えられたらいい、それも感性の鋭い小学生に見せて心のどこかに記憶してもらえたらと考えました」

松貫四

吉右衛門には俳優以外に、劇作家、松貫四《まつかんし》の顔がある。その名は初代の母方の祖父、萬屋吉右衛門の先祖で「伽羅先代萩《めいぼくせんだいはぎ》」などの合作者でもある浄瑠璃作者、初代松貫四に由来する。

初めて用いたのは、一九八五年に大阪中座と「こんぴら歌舞伎」で連続上演された「再桜遇清水」を執筆した際であった。

「妻の父に『先祖に松貫四がいるんだからその名にしたら』と助言され、初代から名前を預かっていたおふくろ（正子）の承諾を得ました」

東宝在籍中の二十代のころには「ヤマトタケル」を題材にしたミュージカル台本を書いたこともある。

「兄貴（現・幸四郎）に脚本執筆を勧められ、子供のころから好きで、よく読んでいた古事記の世界を題材に選びました。最後はタケルが白鳥になって飛んでいく。東宝の制作担当者に見せましたが、没になりました」

二代目猿翁（三代目猿之助）のスーパー歌舞伎第一作の梅原猛脚本「ヤマトタケル」が発表されるずっと前の話だ。「原稿は捨てました」と言うが、惜しい気がする。

一九八六年四月に松貫四名で「桑名屋徳蔵入船物語《くわなやとくぞういりふねものがたり》」（歌舞伎座）を発表。一九九八年には構成を担当した「昇龍哀別瀬戸内《のぼりりゅうわかれのせとうち》・藤戸《ふじと》」が、厳島神社の宮島歌舞伎で初演された。能の「藤戸」を素材に、源平の合戦で佐々木盛綱に子の漁師を殺された母の悲しみと、怨念から悪龍と化した息子が成仏するまでの姿を描いている。吉右衛門は前シテの老母、藤波、後シテの藤戸の悪龍をつとめた。元の能では後シテがやせ衰えた漁師の怨霊なのを、勇壮な悪龍に変えたのが作劇のミソだ。

「勝手をやらせていただいています。そうではないと歌舞伎としては変化の乏しいものになってしまう」

好評により、二〇〇六年六月に歌舞伎座で再演、二〇〇八年七月には比叡山薪歌舞伎でも上演された。松貫四作としては一九九九年に能の「巴」を題材にした「巴御前」を「こんぴら歌舞伎」で初演（二〇〇〇年五月に大阪松竹座で再演）、二〇〇五年に浄瑠璃の「嬢景清八嶋日記」を題材にした「日向嶋景清」を「こんぴら歌舞伎」（同年四月）と歌舞伎座（同十一月）で上演している。

「巴御前」は木曽義仲と巴御前の悲劇が主題。源義経に滅ぼされた義仲の側室、巴御前は、義経の情けで命を助けられる。義経が義仲の最期を遂げた場所を訪れると義仲の霊が現れて主従に襲いかかるが、弁慶の唱える呪文を前に力を失って姿を消す。吉右衛門が女方の巴御前と義仲の霊の二役をつとめた。こちらも元の能では前シテも後シテも巴御前であるところを、後を義仲の霊に書き換え、一味変えた。

「『巴』の謡を取り込める部分もありましたので、戦物語を前シテで巴御前がやり、後はうらみを持って現れた義仲の霊が、義経と立ち回り、最後には成仏するという形式にしました。巴は武勇に優れた女性なので、僕のように背が大きくても大丈夫かなと思いましたが、やはり見た目で、もう少しかわいい女性になれる方がいいかもしれません（笑）。どなたかやってくださらないかなと考えています」

「日向嶋景清」は一九五九年に白鸚の自主公演として新橋演舞場で二日間だけ上演され、一九七二年十一月に国立劇場で再演された「嬢景清八嶋日記（日向嶋）」の志を引き継ぐものであった。白鸚はもちろんだが、初代も「景清」の上演を望んでいた。演劇評論家の三宅周太郎との対談では、いつか上演したい芝居を訊ねられた初代が「日向嶋景清」と即答している。

「父（三代目歌六）は明治四十二年に浅草の宮戸座で故工左衛門（四代目浅尾工左衛門）たちとやってゐますが、幕切れに人形ぶりがありました。併し、私がやるとすればそんな風に歌舞伎に手を入れたのではなく、本文通りで文楽の人形式に、チョボ（竹本）も青竹に白木の見台を使ふ位にしたい」（『名優と若手』三宅周太郎／創元社）

その芝居への思いを白鸚が引き継ぎ、吉右衛門がさらに昇華させ、次世代まで残る作品に磨き上げようとしている。

源平合戦に敗れた平家の侍大将、景清が盲目の流人となって暮らす日向国（宮崎県）に娘の糸滝が訪ねてくる。身の上を恥じた景清は糸滝を拒絶し、景清は死んだと答える。里人から、先ほどの男性こそ景清と教えられた糸滝は父娘の対面を果たす。

糸滝は嫁入りが決まったと言って景清に金を渡そうとするが、景清は怒って糸滝を追い返す。娘に迷惑をかけまいと思っての行動であった。だが、実は糸滝は父のために身を売っていた。

「景清は目が見えない。そこに解釈を加え、仕えていた平重盛が亡くなり、平家も滅び、生きがいをなくした景清が、世の中に見るべきものはもうないと、自ら両目を突いたということにいたしました。そのかたくなな人間も、娘の情愛には心がゆるむわけです」

「こんぴら」での試演を受けての歌舞伎座での上演では改訂を行った。

「景清は主君、重盛の位牌《いはい》を大切にしています。試演では捨てずにいた位牌を、歌舞伎座では文楽と同様に幕切れで海中に投じることにしました。最後には娘糸滝の幸せのために景清は信念を捨てて無になり、源氏に降る。象徴するのが位牌を投げ捨てる行為です。それをハッピーエンドととらえるか、信念を曲げた悲劇ととるか。ご覧になる方によって受け取り方も変わると思います。いずれこの前の部分もつけて上演したいと考えています」

「藤戸」が母子、「巴御前」が男女、「景清」が父娘の別れを題材にしていることから、三作は「別れの三部作」と呼ばれる。

「共通するのは戦さが別れの原因ということ。愛する者たちを引き裂いた戦争の悲惨さを感じ取ってほしい」と制作意図を語っている。「藤戸」執筆の前には能楽師の八世観世銕之丞に話を聞き、「これは反戦の能です」と言われて意を強くした。

「藤戸」と「巴御前」の作曲は長唄三味線方の杵屋栄津三郎が担当した。

「播磨屋さん（吉右衛門）は、台本をお直しになる時でも、すっといい台詞が出てくる。歌詞を見ると自然に曲が浮かんでくるような部分もたくさんあって随分助けられました」と作者としての魅力を語る。

松貫四名での作品には狂言の「政頼《せいらい》」を題材に二〇〇七年六月に歌舞伎座で初演されたコミカルな「閻魔《えんま》と政頼」もある。

大蔵流でも稀曲と言われる「政頼」をテレビの劇場中継で見たのがきっかけであった。

「ちょうど『日向嶋』を構想し、書きあぐねている最中でした。最初はぼうっと見ていたのですが、途中からこれは歌舞伎になるとぴんと来た。画面を前に急に紙にメモをし出したら、女房に『日向嶋はどうするの』と怒られましたが。それでも先にこれを書き上げました」

十一世紀ごろに実在した鷹飼いの名人、政頼が主人公だ。主君の鷹を無くした罪により殿様に手打ちになり、あの世の閻魔の庁で大王の前に引き出される。ところが政頼は地獄落ちが決まりそうになったところで、鷹狩りの様子などを見せ、感動した大王の許しを得て、生き返ることに成功する。

さっそくシテの政頼をつとめていた大蔵流狂言方の山本東次郎に電話し、歌舞伎風に筋を変える了解を得た。東次郎は本のコピーまで送ってくれた。

「政頼は生前の鷹狩りでの殺生の罪を閻魔に問われるが、『鳥や獣を捕まえたのは自分だが、殺したのは鷹だ』と言い逃れようとする。今の世の中、何でも他人のせいにしようとする政頼のような人間がたくさんいるでしょう。そこが現代の世相にも通じるのではと考えました」

政頼は、殺生をしないはずの閻魔大王と赤鬼、青鬼に鷹の取った鳥肉を食べさせ、おいしさに感動させ、あげくに褒美を求める。さて褒美に何を要求するか、その落ちが吉右衛門の工夫のひとつである。

「ずる賢くなった人間よりも閻魔の方が、実は人がいい。そんな皮肉も入れました」

政頼の肩衣には吉右衛門が自分で富士山とナスの絵を描いた。鷹と合わせて「一富士、二鷹、三茄子」のお目出度《めでた》いものがそろうという遊び心である。

構想中なのが、安土桃山時代の画家、長谷川等伯を主人公にした作品だ。

「狩野派主流の時代に、一代で独自の画風を作りだした等伯と初代の姿が重なって感じられるんです」

松貫四作品だけで興行ができる時代も来るかもしれない。

俊寛

「仮名手本忠臣蔵」の由良之助、「元禄忠臣蔵」の大石内蔵助、「熊谷陣屋」の熊谷、「石切梶原」の梶原など、数多い当たり役を持つ吉右衛門だが、初代から引き継いだ役への思い入れはことに強い。その一つが「俊寛」の俊寛である。

正式な題は「平家女護島《へいけにょごがしま》」。「平家物語」の世界を題材にした近松門左衛門作の五段構成の時代物浄瑠璃で、「俊寛」と通称される二段目のみが頻繁に上演される。初代が度々手がけ、人気作品とした狂言でもある。

平家打倒の「鹿ケ谷の陰謀」が露見し、俊寛、成経、康頼の三人は鬼界ケ島へ流罪となる。俊寛が成経に海女、千鳥という恋人ができたと知らされ、康頼と一緒に二人の祝言をしていると、都からの赦免船が着く。成経は千鳥も連れ帰ろうとするが、上使の瀬尾は乗船を許さず、俊寛に妻の東屋が平清盛を拒んで死んだことを告げる。俊寛は瀬尾を殺し、自分の代わりに千鳥を乗船させてほしいと頼む。残された俊寛は、独りで船を見送るのであった。

吉右衛門は一九八二年七月国立劇場の歌舞伎鑑賞教室で初演した。

「おやじ（白鸚）の芝居をずっと見ていましたが、存命中は演じたことがありません。ですから初演にあたっては、改めて中村屋のおじさん（十七代目勘三郎）に教えていただきました」

「もとよりもこの島は、鬼界ケ島と聞くなれば、鬼ある所にて今生よりの冥途なり」の浄瑠璃で、粗末な庵に俊寛が戻ってくるのが冒頭である。ここで俊寛の現在の境遇、島の寂しげな雰囲気などが明らかとなる。

「竹本さんの謡いがかりの置き（浄瑠璃）があって出てきた瞬間が勝負です」

妻、東屋恋しさの一念から、都へ戻ることを熱望していた俊寛だが、瀬尾から東屋の死を知らされ、衝撃を受ける。

「希望も何もなくなってしまう。そこで自分が犠牲になって代わりに千鳥を船に乗せてやろうと考える。東屋に『会いたい、都へ早く戻りたい』と思っていたのが、死んだと聞かされてすべてを失ったも同然となる」

実説の俊寛はまだ三十代の若さだが、歌舞伎では、大抵の場合はもっと老けた印象になる。

「初代は晩年になって自分の年齢に合わせて髪を白くしてつとめています。昔の三十代は今の四、五十代に近いと思いますから、若い時にはそれぐらいを想定して演じました。俊寛には妻を恋する若さがあるし、妻も清盛に言い寄られる年齢です。本当に悟った人なら、死んだと聞かされても『妻の菩提を弔いましょう』となるでしょう。だから悟れない、生々しい人物として演じていいんだと思います」

俊寛は去っていく船を「おおい」と叫びながら波打ち際まで必死に追い、最後には崖《がけ》に登ってじっと見つめる。心情を表す「思い切っても凡夫心《ぼんぷしん》」の詞章が利いている。

「おやじに教わったのはこうです。船に近づこうとすると波が寄せ、段々深みにはまる。都人で水が苦手なので気づいて怖くなって後ろへ下がっていく。とうとう船が見えなくなったので崖に登る。リアルなんです。若いころ、もっと派手なやり方をした初代も最後には、そこに行き着いたようです」

幕切れにも初代は工夫を重ねた。「今迄のは深い悲しみと共に岩山に上って船を見送るのが普通でしたが、私は悲しむ余裕もない程で、唯茫然自失し、人間の抜殻の様になって見送る事に致しました」(『吉右衛門自伝』)とある。

「彼方に見える帆に向かって『おおい』と叫んでいたのが、すべて視界から消えてしまい、じっと水平線を見つめる。それまでは生臭く四苦八苦していたのが、欲も何もなくなり、悟りの人間となる。おやじは『石になってしまうんだ』と言っていました。幕が閉まった後に、『かわいそうだな』とお客様に余韻を残すようなやり方です。初代の演出を他の追従を許さないようなものにまで持っていくのが僕のつとめだと思います」

初演の際の毎日新聞の評では「後半に吉右衛門らしいシャープな感覚が出たが、前半も義太夫なまりを生かした台詞まわしで、いい出来だ」（水）と称賛されている。

「僕もどうしても、泣かせようとしてしまいます。でもおやじの俊寛を最近ビデオで見返すとそうではない。俊寛に成り切っているというのでしょうか。『自分が身替わりに島に残って、成経と一緒にこの娘を都に行かせたい』という一念だけ。技術的には何もしていないのですが、それが胸に迫る。僕は、それこそ初代吉右衛門の神髄をまねできたということではないかと思う。ちょっと見にはおやじと初代は全然違う。台詞の言い方も違う。ですがそこに一本つながっているものがあるんです」

四姉妹

吉右衛門には四人の娘がいる。

「『若草物語』か『細雪』ですね」と言うと「そんないいもんじゃない」と笑うのだが。ここでは身近に暮らす娘の目から見た家庭人としての吉右衛門について記そう。応じてくれたのが、一九七九年生まれの次女と一九八二年生まれで菊之助と結婚した四女瓔子。「鬼平犯科帳」の放送開始が一九八九年であった。

「小学生のころ、父と食事に行くと、他のお客さんが『吉右衛門かしら』みたいに言っているのを感じました」（瓔子）

物心が付いたころ、父は既に世間から顔を知られる存在であった。

当時の吉右衛門は「とにかく怖かった」と姉妹は声をそろえる。

「お箸の持ち方やお行儀には厳しかったし、四人の誰かしらがいつも怒られ、そうなると全員が一列に座り、父に頭を下げました。お尻をたたかれたこともしょっちゅう。私の年代では珍しいようです」（次女）

子供たちの喧嘩のうるささに怒った父に「二階の窓から試験勉強中の教科書を放り出され、泣きながら取りに行きました」（瓔子）という切ない思い出もある。

父にも言い分はある。

「常識ある人間に育てたいと思うあまり、厳しくし過ぎたかもしれません。娘たちが子供のころは、僕自身が役者として立つために、妻と共に闘っている時期だった。構ってやれなくて、そういう点ではかわいそうでした」

父の性格をどうとらえているか。

「忍耐強く、痛いとか具合が悪いとか、なかなか言わないので困るほどです」と次女は評する。

「それにすべての目標が高い。例えば幼稚園のころ、遊びでテニスをするのでも、私たちを上達させようと、あまりにも真剣になるので、みんな怖がっていました。芝居では言うまでもありません。初代を目標に置き、常に高みを目指している」

吉右衛門自身が「役者になるような男の子がいたら、高いレベルのことを要求し過ぎて、つぶしてしまっていたかもしれません」と口にする。

瓔子は「『男の子が欲しかった』と両親に言われたことはありませんが、歌舞伎が好きなので、私も男だったらできたかなと思うことはありました」と笑う。

俳優としての父には敬意を持つ。「尊敬してます」(次女)、「大ファンです」(瓔子)。だが家庭人としての評価は、また別のようだ。時には「世間知らず」(瓔子)と断を下され、普段は幼いころのままの「とうたん」という呼称が「お坊ちゃま」になるという。

そのとうたんが「一番幸せそうな時は？」と尋ねると姉妹は同じ返答をした。

「アニメ専門チャンネルで『トムとジェリー』を見ている時」

まぬけなネコのトムと、したたかなネズミのジェリーの際限なき追っかけっこを描いたアニメだ。

「毎回同じような内容なのに何でわざわざチャンネルを合わせ、笑っているのか分かりません」と不思議がる。

「ニュースや国会中継を見ると腹が立つことばかり。あのばかばかしい、仲の良い喧嘩に癒やされる。見ていると楽しい」が、とうたん本人の弁である。

歌舞伎座

吉右衛門が一九五一年一月の開場以来、親しんできた第四期の歌舞伎座は老朽化を理由に、二〇一〇年四月二十八日に幕を閉じ、新しい劇場として生まれ変わることとなった。

最後を飾る「歌舞伎座さよなら公演」は、二〇〇九年一月から一年四カ月の長きにわたり行われ、吉右衛門は次々と大役を演じた。

「曽我対面」の五郎、「勧進帳」の弁慶、「伽羅先代萩」の仁木弾正、「毛谷村」の六助、「幡随長兵衛」の長兵衛、「時今也桔梗旗揚」の光秀、「松竹梅湯島掛額」の長兵衛、「義経千本桜」「渡海屋・大物浦」の知盛、「松浦の太鼓」の松浦鎮信、「熊谷陣屋」の熊谷……どれにも全精力が傾注された。

「初代が踏んで、その汗が沁み込んだ思い出多い劇場でした」と旧歌舞伎座について語ったが、言葉だけでは終わらない、秘められた思いもあった。

「新しい歌舞伎座もこれまでと同じような劇場にすると会社から言われても、私には帝劇の新開場で煮え湯を飲まされた記憶があります。どうなるか分からないだろうという気が心の奥にありました」

歌舞伎の上演に適した「歌舞伎座」で芝居をするのも、これが最後になるかもしれない。そう思いながら、吉右衛門は「さよなら公演」の舞台に立ち続けた。

「持てる力を尽くして古典歌舞伎の良さをお客様にお見せしたいという悲愴な覚悟がございました。すべての公演が終わった時には魂が抜けたような感じになりましたね」と述懐する。

建て直し期間中の東京での歌舞伎公演は新橋演舞場を中心に行われた。そして二〇一三年四月。待望の第五期歌舞伎座が開場した。

三部制を取る柿落とし公演で、四月に「熊谷陣屋」の熊谷、五月に「石切梶原」の梶原、六月に「俊寛」の俊寛と、「さよなら」と同様に、当たり役を見せ、それ以外にも「白浪五人男」の日本駄右衛門や「盛綱陣屋」の和田兵衛、「伽羅先代萩」の荒獅子男之助、「土蜘」の源頼光、「助六」のくわんぺら門兵衛など脇の要となる役にも出演した。

「新しくなった歌舞伎座を、いつも大入り満員にしたかった。そのためには、いろんな役にお付き合いし、よりお客様の興味を引きたいと考えました」

通常なら、ひと月に二十五日間のところを、柿落としの三カ月間は二十八日間に日延べした興行になった。妻の知佐は「やれども、やれども終わらない感じでした」と大変さを表現する。

公演は大入りが続いた。劇場としての使い勝手も良く、吉右衛門の懸念は杞憂に終わった。

「前の歌舞伎座よりも客席がゆったりとしているし、舞台はそのままで、楽屋は広くなりました」

その歌舞伎座でも、吉右衛門は第四期の歌舞伎座で使っていた名札を、引き続き用いている。伝統を尊重する思いの象徴のように感じ取れる。

二〇一一年には人間国宝（重要無形文化財各個認定）に選ばれた。文化庁の公式表現を借りるなら、「日本の伝統的なわざを高度に体現しているものが選ばれ、その継承が責務とされる」ポジションである。

同じ人間国宝でも、形のあるものを作り出す、例えば工芸なら道具の使い方、火入れのこつ、絵の具の溶き方などを具体的に伝授することができる。だが、芸能の場合は芸という曖昧模糊《あいまいもこ》としたものを相手の肉体に移し込まなければならない。そこに芸能の伝承の難しさがある。

「演劇というものは世につれて変わるものです。僕が考えている伝統歌舞伎が、果たしてこれからの世の中に受け入れられるかも分かりません。僕は先人を見て覚えたものを後輩に教えていますが、それでいいのかとも考えます」

明治に入り、演劇改良運動の洗礼を受けた九代目團十郎が歌舞伎の改革に手を染め、次世代の初代吉右衛門や六代目菊五郎がその思想を受け継ぎ、彼らの子供世代にあたる白鸚、二代目松緑、十七代目勘三郎らに伝えた。吉右衛門もその流れの中に生きる。

「名人上手が、見世物的な要素もあった歌舞伎を素晴らしい舞台芸術に昇華させてきました。それを一所懸命に覚え、伝えたいというのが僕の在り方です。ですが、それは自分の考えを押し付けることでもあります」

教わったことを忠実になぞり、完璧に出来るようにする。それが若き日の吉右衛門の芸への対処の仕方であった。

「個性はほうっておいても出てくるものです。最初は個性を抑え、あるレベルに達して初めて自分の個性をプラスする。すると単なるコピーではないものが生まれてきます」

水準に達するまでは我慢が必要になる。そうしないと「梯子の下がない状態になってしまう」。上に何かを構築しようとしても崩れる。克服するには、ひたすら耐え、教えを受けた相手の演技をまね、相応しい技量を身に付けるしかないのだ。

だが、まねる対象は、外見ではなく、「心」であると吉右衛門は言う。

「台詞、動き、癖を伝えることは必要がないような気がします。それよりも演じた役者の心がどこにあったか、何に対して命がけになっていたのかを見極めることが重要なのではないでしょうか。それが難しい。簡単には見つかりません」

動きや台詞の根本にある思いと言い換えてもいいだろう。名優と呼ばれた優れた演技者が脚本をどう解釈し、演技を構築したかがポイントになる。

「例えば初代や実父の白鸚が、なぜ、その台詞回しをするようになったかです。それが、このごろやっと分かるようになってきました」

その第一歩が演技の見た目と耳で聞いた台詞を学ぶことにあった。

「時代物風に言うか、世話物のような調子で台詞を口にするか。最初はその差ぐらいしか、僕には分かりませんでした。何度も何度も先輩の演技を拝見し、自分でやってみている間に段々と、なぜこの台詞回しをしていたのか、なぜここを大時代に言い、こちらは早く運んだのかといったことが分かってくるようになりました」

それを後輩にどう伝授するか。

「僕から教わり、何回か役を経験してから、もう一度『ここが分からないんですけれど』と聞きに来てくれれば、さらに上のことを教えられるんですけれどね」

そういう方はいますか、と尋ねると、吉右衛門はにやりと笑い、なかなかいらっしゃらないですねと口にした。

言葉の裏には実体験がある。叔父の二世松緑に「土蜘」を教わって初演（一九七二年五月大阪・新歌舞伎座）した後に、どうしても納得のいかない箇所があった。

「『もう一度教えてください』とおじさんにお願いしたら、わざわざ自分で踊って見せてくださったんです」

最初に教えを受けた際には、松緑は代役に踊らせ、自身は座ってみているだけであった。ところが再び教えを請うた際には、自ら立って手本を見せてくれた。相手が熱心だと、つい心を動かされてしまう。俳優にはそんなところがある。

「おじさんには企業秘密みたいなところまで教えていただけました。僕も実は、そういう人を待っているのですが、あまりいらっしゃいませんね」

娘の結婚

歌舞伎座新開場と同年の二〇一三年二月に吉右衛門の四女瓔子は花形俳優の尾上菊之助と結婚した。吉右衛門の播磨屋と菊之助の父、菊五郎の音羽屋。歌舞伎界きっての名門同士の縁組が、話題にならないわけはない。

東京のホテルオークラで二月十四日に行われた記者会見には菊之助、瓔子の二人に吉右衛門、菊五郎も同席し、マスコミが詰めかけた。

会見では前年の十二月に菊之助が結婚の申し込みに波野家を訪れた際に吉右衛門が発した、「えっ、こんなんでいいの」という愛娘を前にしての発言も披露されて笑いを誘った。だが、言葉には額面からは、うかがい知れない深い意味が込められていた。

先にも触れたように吉右衛門の養父、初代吉右衛門と菊五郎の祖父、六代目菊五郎は、明治から昭和の歌舞伎界で覇を競い、人気を分け合い、「菊吉」と呼ばれた間柄であった。

「芝居での二人のやりとりの面白さには、共演者ですら引き込まれたそうです。舞台上で相手が突っ込んで来るのを時に受け、時にかわす。しかもそれが日々変わる。相手に合わせていたら駄目で、お互いに認め合っていなければ出来ないことですよ」

それが大変うらやましい、と吉右衛門は続けた。

「仲が悪いと言われることもあった菊吉には、信頼感と敵対感の両方があったはずです」

初代吉右衛門も裏付ける記述を残している。

「六代目は本当に巧うございました。僕も一緒に芝居を致して居て、六代目程こちらに張合のある人はありませんでしたし、六代目の方も、波野程自分のイキをピッタリと受け止めてくれるものはなかったと云ってくれたそうで、市村座時代から最近に至る迄、お互ひに火花を散らして舞台で渡り合った嬉しさ楽しさは、俳優としてこの上もない喜びでした」（『吉右衛門自伝』）

若き日に吉右衛門は、菊五郎劇団の公演にしばしば参加した。そこには菊之助を名乗っていた当時の菊五郎がいた。

「将来、菊五郎を襲名するのだろうな、と彼のことを意識しておりました。一緒に芝居をした時に、『新菊吉時代』と評されたこともあります。そんな僕の、心の深い部分には正直なところ、吉右衛門の名を継ぐものとして先代以来の『菊五郎』への敵対心もありました」

舞台で菊五郎と共演はしても、日常の親しい付き合いはなかった。

「ましてやその息子を、娘の恋愛対象や結婚相手と考えたことなどありませんでした」

ところが、ある日、菊之助から「御願いごとがある」との連絡が波野家にくる。

「後輩の俳優がそう言ってくるのは、大抵が役を教えて欲しいという場合です。ですが、菊之助君に僕から教わるような役はないはずです。いったい何だろうと思いました」

妻の知佐は、瓔子から翌日の菊之助の来訪を知らされて戸惑い、理由を尋ねた。

「『実は』と瓔子に切り出され、本当にびっくりして慌てて主人に伝えました。それでも夫婦で半信半疑でした」と思い返す。

その日、波野家を訪れた菊之助は両手を突いて頭を下げ、「お嬢さんをいただきたいので、お許しを願いたい」と口にした。

その瞬間、吉右衛門の頭の中で初代からの積み重なる思いが渦を巻き、

「何を言ったらいいか分からなくなって思わず口を突いて出たのが『こんなんで、いいの』でした。後で娘にあんまりだ、と怒られましたよ」

だが菊之助には決して悪い印象はなかった。二〇〇六年二月の歌舞伎座で、吉右衛門は夜の部の最後の新作歌舞伎「人情噺小判一両」(宇野信夫作)で浅尾申三郎を演じていた。相手役の笊屋安七は菊五郎。一九三六年十二月の歌舞伎座で六代目と初代が同じ配役で初演した芝居である。

菊之助は前の演目の「京鹿子娘二人道成寺」で自身の出番を終えていたにもかかわらず、毎日、部屋着のまま「小判一両」が終わるのを待ち、父の菊五郎はもちろんのこと、吉右衛門の楽屋にまで挨拶に来た。

「玉三郎さんに芝居を教わっていた彼が、質問をしながら真剣な表情で克明にノートを取っている姿を目にしたこともあります。真面目なんだな、彼はいつか花開くだろうと思いました」

娘婿となってからは共演も、役を教える機会も増えた。

菊之助が二〇一五年七月に国立劇場の「歌舞伎鑑賞教室」で「義経千本桜　渡海屋・大物浦」の平知盛を初演した際には同役を得意とする吉右衛門に教えを乞うた。

「教えていて彼は歌舞伎に対して僕と同じ感性を持っていると思いました。まだ、ツーと言えば、カーというところまでは行きませんが、こういう言い方、こういうやり方をするのが歌舞伎なんだ、ということを彼は分かっています。実を言えば、それを分からせるのが大変なんですよ」

基礎工事と吉右衛門は表現する。

「おとうさんに叩き込まれたのか、おじいさん（尾上梅幸）に教えられたのかは知りませんが、彼は基礎ができています。ただね、きちっと学んだ人ほど蕾《つぼみ》が固いものなんです。ずぼらな人間の方が、すぐに花開くことがある。蕾のままでは困る。果たして彼の花がいつ開くかです」

二〇一三年十一月二十八日には菊之助と瓔子の間に長男和史が誕生した。吉右衛門の初孫であった。二〇一五年七月十四日には第二子の長女知世が生まれた。

和史は二〇一六年五月に「團菊祭大歌舞伎」の夜の部の序幕「勢獅子音羽花籠《きおいじしおとわのはなかご》」で初お目見得をした。

「まだ二歳半の幼さでしたが、普段の和史の姿を見ていて、なんとかなるんじゃないかと思いました。稽古場でも、ちゃんと座って『寺嶋和史でございます。よろしくお願いします』と言っていたんです」

菊之助が花道から手を引いて登場し、舞台にいる吉右衛門扮する鳶頭播磨の吉右衛門と菊五郎扮する鳶頭音羽の菊五郎と共に挨拶をする段取りであった。

だが初日の五月二日、花道の途中で和史は躓《つまず》いて転び、二日目からは菊之助に抱かれて登場するようになった。

「千秋楽まで和史は抱かれたままで出演しました。ですが、二十五日間休みませんでした。それで良しとしなければいけないと思います」

和史は、吉右衛門を「じいじ」あるいは「じーたん」と呼ぶ。吉右衛門は和史を最初は「じゅふたん」と呼んでいた。かずふみが、「ずふみ」「じゅふみ」と次々と転化しての愛称である。だが、初お目見得で名前を言えるようにしなければと、本名で呼びかけるように改めた。

「菊之助君に似たのでしょうか、繊細で、よく気を使う子です」

和史と触れ合う時が、「何よりも和む」と吉右衛門はいつも目を細めていたものだが、今は知世により愛情を注いでいるという。理由がある。

「歌舞伎役者の家では、男の子が生まれ、舞台に出るようになると一家中が、かかりきりになり、女の子は放っておかれるものです。僕にも妹がいるので、良く分かっています。だからなるべく女の子をかわいがってやろうと思っているんです」

知世は、泣き声が大きく、声量があり、手足も長いという。

「愛嬌のある子で、自分をアピールするんです。泣き声が大きいのも、そうしないと自分の方をみんなが向いてくれないと知っているからではないでしょうか。将来はモデルに、なんてね（笑）。忙しい両親に代わって、僕が知世のパリコレクションのモデルデビューに付き添うというのはいかがでしょうか」と冗談めかしながらも思いやる。孫二人への姿勢に吉右衛門の優しい人柄が現れている。

秀山祭

吉右衛門は二〇〇三年九月の歌舞伎座で、初代の五十回忌追善狂言として「河内山」と「俊寛」を演じた。初代が亡くなってからの五十年の歳月は長いようでいて、あっという間であったと話す。

「初代は先人の優れた芸を取り入れ、結実させた人です。追善を終えた後に、一段落して自分を見つめ直し、さて『二代目』はどうあるべきかと考えました。それまでの私は、初代の芸を実父や中村屋のおじさん（十七代目勘三郎）、成駒屋のおじさん（六代目歌右衛門）から教わり、消化することだけで精いっぱいでした。それをさらに次の世代につなげるにはどうしたらいいかです」

思案の末、歌舞伎の普及と初代の芸の継承の二本を今後の活動の柱とする決心をした。普及が先に紹介した「本物の舞台芸術体験事業」（文化庁主催）であった。

もう一つの芸の継承の場として吉右衛門劇団の結成を思ったが、急な実現は難しい。そこで初代の芝居に対する姿勢と演出をたたえ、ゆかりの芸の研鑽《けんさん》と伝承を中心に据えた興行をと考えて松竹の賛同を得た。

「初代が句作に用いた俳名を冠して『秀山祭《しゅうざんさい》』と名付け、祥月の九月に興行できることになりました。これであの世に行っても何とか初代に顔向けができそうです」

こうして「秀山祭」は二〇〇六年に始まり、歌舞伎界の九月の行事として定着した。歌舞伎座には明治期の名優九代目團十郎、五代目菊五郎を顕彰する五月の「團菊祭」があるが、単独の俳優の名を掲げての興行は珍しい。

一年目の二〇〇六年は「引窓」の南与兵衛、「寺子屋」の源蔵、「籠釣瓶」の次郎左衛門、二〇〇七年は「熊谷陣屋」の熊谷、「二条城《にじょうじょう》の清正《きよまさ》」の加藤清正、二〇〇八年は「逆櫓」の松右衛門、「盛綱陣屋」の佐々木盛綱、「河内山」の河内山宗俊をつとめた。

歌舞伎座の「さよなら公演」の間は休み、建て替え期間中は新橋演舞場に場を移した。二〇一〇年は「沼津」の十兵衛、「俊寛」、二〇一一年は「寺子屋」（三代目中村又五郎、四代目中村歌昇襲名披露)と「車引」の松王丸、二〇一二年は「寺子屋」の松王丸、「河内山」、「時今也桔梗旗揚」の光秀をつとめ、新開場後は再び歌舞伎座に戻り、二〇一四年は「法界坊」、「太功記十段目」の光秀、二〇一五年は「伊勢物語」の紀有常、「伽羅先代萩」の仁木、二〇一六年は「一條大蔵譚」の一條長成、「吉野川」の大判事を演じた。

ほとんどが初代の得意とした重量級の役である。それを昼夜で二役か三役も演じる。「秀山祭」への思い入れの強さ、感じている責任の大きさが伝わってくる。

「初代吉右衛門という素晴らしい役者がいたことを、皆さんに知っていただくのが、養子としての僕のつとめです。倅《せがれ》がいれば、三代目も作って他の家のように何代も続けていくこともできるでしょう。でも、そうできない以上は、初代の考えた演出を大事にし、役に対する心構えを、志を同じくする人たちに引き継いでほしいと考えました」

初代には当たり役を集めた「秀山十種」がある。「松浦《まつうら》の太鼓《たいこ》」などがそうだが、諸般の理由から十演目はそろっていない。

「初代が演じてはいなくとも補うような作品を入れ、最終的には、他の方々も演《や》りたいと思うような演目が残せればいいと思っています」

「十種」に残る作品で多いのが、豊臣秀吉の臣下として勇猛さで名をはせた武将、加藤清正を主人公に据えた「清正物」だ。「二条城の清正」もその一つで、作者は吉田絃二郎。それまでも九代目團十郎が初演した「清正誠忠録《きよまさせいちゅうろく》」などの清正役を得意としていた初代が、初めて自身に書き下ろしてもらった清正物である。一九三三年に初代の清正、十七代目勘三郎（当時・中村もしほ）の秀頼で上演された。

豊臣秀吉没後。病を患いながらも、命懸けで、秀頼を徳川家康の魔の手から守ろうとする晩年の清正の姿が描かれる。吉右衛門は白鸚の清正で二度、秀頼をつとめ、一九九八年九月に歌舞伎座で清正を初演した。

「秀頼を初演（一九六〇年正月歌舞伎座）した時は中村屋のおじさん（十七代目勘三郎）に教えていただきました。清正と秀頼が語り合う『御座船《ござぶね》』は、おじさんの秀頼が結構でしたのでまねをいたしました。船の上ではリアルな台詞を言い、後は高貴な方のようになります。実父の清正を見ながら、『僕も吉右衛門になるとこんな爺みたいな役をやらされるのかな』と当時は思ったものです。最後のご奉公をした清正が、秀頼に述懐する場面はよく書けている。秀頼と清正は主従を乗り越え、親子か祖父と孫のような関係になっていきます。演出面にまだ工夫の余地のある芝居のように思うので、これから考えていきたい」

吉右衛門は当代切っての時代物役者である。「熊谷陣屋」と子役時代に小四郎、小三郎で出演もした「盛綱陣屋」は武将の活躍する時代物を代表する名作だ。

吉右衛門の盛綱初演は一九八二年三月の歌舞伎座であった。

「團十郎君が初演した時に、実父に教わりに来ました。実父は細かく教えない人でしょう。僕がいた方が話しやすいだろうと思って同席しました。演じる予定がない役は、親子でもなかなか教われないものなので、よい機会でした」

盛綱は敵味方に分かれた弟、高綱の心が乱れるのを恐れ、高綱の子で捕虜となった小四郎を自害させるようにと母の微妙に頼む。

「微妙の前では盛綱も子供に返る、というのが一応の型となっています。とっちゃん坊やみたいに気持ち悪くなるのは困りますが、髭《ひげ》を生やしたおじさんが、おばあさんに向かって『ママ』なんて言っているのを見かけることもあるでしょう。親子ならではの親密さを出しながら、孫を殺してと頼む。その悲劇です」

盛綱は北条時政の前で高綱の首実検を行う。実は偽首なのだが、小四郎は時政に悟られないために進んで自害する。

「『寺子屋』の首実検は早くしろ、盛綱は長ければ長いほどいいと言われました。寺子屋の松王は身替わりに立てたわが子の首なので、一目見れば事の次第は分かる。ただし、長くてもいいと言われても、盛綱の心理描写があまり赤裸々になってはいけない。時政を気遣いながら、お客様に伝えるにはどうしたらいいか。間が重要になります」

盛綱の首実検を、小四郎は上手屋体の柱にすがって見つめる。子役の見せ場だが、そこで初代は刀の下げ緒をさばいた。

「子役の見せ場を奪うような所作を、盛綱がするのは良くないと言われもしましたが、片方(小四郎)がやっている間、片方(盛綱)は休んでもいいという考え方を初代は取れなかったのだと思います。同時進行で、それぞれの心理をお客様にお見せする。どちらをご覧になっていても結構だけれども、子役の場だから何もしないというのは初代の好みではなかった。そう考えてつとめております」

吉右衛門の脳裏には常に初代の姿があることを取材の都度、感じさせられる。近年も、初代が評判を取った役へ残された資料を手掛かりに積極的な挑戦を続けている。

「弥作《やさく》の鎌腹《かまばら》(いろは仮名四十七訓)」(二〇一三年十二月国立劇場)の弥作、「伊賀《いが》越道中双六《ごえどうちゅうすごろく》」(二〇一四年十二月国立劇場)の唐木政右衛門、「伊勢物語」の有常、「神霊矢口渡《しんれいやぐちのわたし》」(二〇一五年十二月国立劇場)の由良兵庫がそうだ。

「伊賀越」では「岡崎」を四十四年ぶりに復活上演した。江戸時代の荒木又右衛門らによる「鍵屋の辻の仇討」を題材にした作品で、二〇一四年の上演では又右衛門をモデルにした政右衛門の物語に焦点があてられた。

政右衛門は、妻お谷の父の敵を討つために、お谷を離別する。「岡崎」ではお谷と巡り合った政右衛門がわが子を手にかける悲劇が展開される。舞台は好評で歌舞伎作品としては初めて同年度の読売演劇大賞・最優秀作品賞を受賞した。

「なんとかやらせていただき、評判も取りましたが、それでもやはり、お芝居が好きな方は別ですが、誰が見ても面白いという狂言ではないことを感じます。それは『弥作』『伊勢物語』『矢口渡』にも言えることです」と、内省に走るところが吉右衛門である。

そしてまたも、初代に思いが及ぶ。

「では、そんな芝居を面白く見せた初代吉右衛門とは何なのだろうと考えるんですよ」

初代は上方出身の三代目歌六の子だが、東京の劇壇で人気を博した九代目團十郎に私淑した。九代目は歌舞伎にリアリズムを持ち込んだ俳優である。

「ですから、初代もさほど派手な演技はしなかったわけでしょう。にもかかわらず、歌六の血を引いた芸質があったので、内輪にやってもふわっとした魅力が出たのではないでしょうか。芸以前の人間としての魅力があったのに違いないと、『岡崎』などを演じることで気付きました。六代目菊五郎さんにも同様なことが言えるのではと思います」

思い出は子役時代に遡る。初代の盛綱の「盛綱陣屋」に小四郎で出演した時のことだ。

「小四郎でお腹を突いている（切腹している）時に盛綱が長々と台詞を言いますが、その度にお客様がうわっとどよめくんです。最後に盛綱が小四郎に『でかした』と声を掛けるところなど大盛り上がりですよ。それも巧んでいるのではなく、自然にそうなるんです。これは強いですよ」

吉右衛門は、そこで語気を強めた。

「出て来ただけでお客様が満足するような、そういう人を育ててみたいですね。それは歌舞伎の将来にとっても、いいことだと思うんです」

自身の磨き抜いた芸の真髄を後進に伝えたい、と言うのだ。

吉右衛門襲名から半世紀が経過し、白鸚の享年の七十一歳も既に越した。

「早かったです。追われて、追われて、追われて、戦い続けて五十年。振り返る時間

しばらくもそうでした」

若き日は、「深く考えずに生きていました。東宝に行ったころも、松竹に戻ってしばらくもそうでした」

当時は自殺まで考えたと口にする。

「体も弱かったし、目を悪くしての入院もしました。自分は役者に向いていない、だから世の中に存在しない方がいいのではないかと考えてしまいました」

そして結婚をした。知佐夫人という良き伴侶を得ての三十代後半から四十代にかけては歌舞伎界での地歩を固める時期であった。

「実父が亡くなったころから、自分の背負う物の大きさに気付き出しました。何もないところから、歌舞伎俳優としての自分の位置を確立するための戦いの日々でした」

初代から実父へと受け継がれた大役を次々と初演した。

「初代はこんなものじゃなかった」という先輩の厳しい指摘を受け、吉右衛門という名の重圧に悩み、苦しんだ。

「役者を辞めたいと思ったこともあります。五十歳を過ぎたら出家だと、そのころは言っていましたね」

そして六十代。

「天職と知りました。自分は役者になるために生まれてきたのかもしれないと思えるようになりました」

歌舞伎は歴史の中でけして隆盛一方で来たわけではない。明治以降も多くの俳優があくなき挑戦を続けてきた。初代も実父の白鸚も二代目もそのひとりである。二代目のたどった道筋の山坂は、これまでにご紹介した通りだ。

では天命を確信した二代目は、今後、歌舞伎の中にどんな世界を構築して行くつもりなのであろうか。

「新しい歌舞伎を創造するつもりはありません。創造には破壊を伴うからです。かといってただ修復して昔からの伝統を保存していくだけでよいとも思いません。僕はね、まだ歌舞伎は、未完成の芸術だと思うんですよ。もっともっと完成度の高い素晴らしいものにできるはずです。我々のやっていることに終わりはありません。アントニオ・ガウディがバルセロナに設計した教会、サグラダ・ファミリアが、百年以上を経過した今でも、建設途上であるように。僕はこれからも前を向いて歩んで行きます」

まだ、初代の演じた役の三分の一ぐらいしかやっていないので、と吉右衛門は申し訳なさそうな、いつもの表情を浮かべる。「安住」「満足」の二文字は吉右衛門にはない。高き理想に向けての二代目の、果て遠き旅は続く。

文庫版あとがき

二代目吉右衛門が、いかにして今日のような歌舞伎俳優となったか。その道程をたどりたいと思った。たどることで吉右衛門さんが身を置く戦後歌舞伎の変遷も見えてくるのではないか。そう考え、お忙しい中を御願いし、実現したのが本書の元になった毎日新聞日曜版「日曜くらぶ」での聞き書き連載であった。

吉右衛門さんは、常に控え目に自身を評する方ゆえ、「極々平凡な人生」と序文には記されたが、系図を見れば一目瞭然。親族のほとんどが著名な歌舞伎俳優である。そんな家に生まれること自体が尋常ではない。しかも母の胎内に宿った時点で、名優ぶりをたたえられた祖父の養子となることが定められていた。つまりは誕生の経緯からして既に非凡であった。祖父の名を辱めない歌舞伎俳優になるようにと周囲から叱咤激励され続けた幼少期、演劇界を揺るがす大事件となった実父、松本白鸚（八代目幸四郎）と一門の東宝入り、そして自身で選択した松竹への復帰、それ以降の苦闘の日々。当初の私の想像をはるかに上回る波乱の半生があった。

本書にも掲載されている吉右衛門さんの一歳当時の写真がある。疎開先の日光で撮影されたものであろう。声を掛けられて振り向いたところか、眼を細め、無邪気に笑っている。既に今の吉右衛門さんの風貌を宿してはいるのだが、あどけなく愛らしい幼顔だ。初代以来の古参弟子の二代目中村吉之丞（二〇一四年没）言うところの、「ニコニコしたかわいい坊ちゃん」そのものだ。だが、連載を通し、その坊ちゃんを待ち受けていた数々の試練を知った今は、一葉の写真を、私はもう以前のようには心穏やかには見られなくなっている。目にする都度、堪らない切なさを感じてしまうのだ。

吉右衛門さんは歌舞伎俳優の仕事を、名建築家ガウディの設計で、百年以上経過した今も建設途上にあり、近年、完成の目途が付き出したバルセロナの教会、サグラダ・ファミリアに例えた。歌舞伎は多くの名優たちが、精魂を込めてひとつひとつ新たな工夫を加えて今日に至っている、という意味であろう。

吉右衛門さんの言に便乗させていただくなら、私には歌舞伎に限らず、ひとかどの仕事を成し遂げた人物は、巨大な建造物のように思えて仕方がない。佇まいは千差万別。豪壮な宮殿のような方もおられれば、険阻な山に建つ城を彷彿とさせる近寄り難い人物もある。外からは入口の見つけられない摩天楼のような方もおいでだ。それぞれの建物の内部には大小取り混ぜて無数の部屋があり、どの扉を開けるかは、ひとえに取材者にかかる。扉の前を通り過ぎてしまうこともあるし、せっかく鍵を貰っているのに、こちらの力量不足で開けられないこともある。開けた瞬間、中からとんでもないものが飛び出してきて、後悔することすらある。それが取材する側の醍醐味でもあり、恐さでもある。

吉右衛門さんは、連載前から今日に至るまで、取材にうかがうと、いつでも嫌な顔ひとつなさらずに迎え入れて下さる。もちろん事前にお約束はしているのだが、決して体調の良い時ばかりではないはずで、その寛容さに感謝するのみだ。

問いかけにも、常に真摯に応えて下さるのだが、こちらの質問が見当はずれなら、返ってくるものも来ない。さて、私は「吉右衛門」という天まで届く巨大な建造物の部屋の扉を、幾つ開けられただろう。

二代目吉右衛門襲名が一九六六年。それから半世紀が経過した。「早かったです。戦い続けて五十年」と吉右衛門さんは表現された。「戦い」であったなら、相手があるはずだ。いったい吉右衛門さんは何と戦って来られたのであろうか。

私は、一番の相手は自分自身ではなかったかと推測する。理由がある。吉右衛門さんは、自分に対して非常に厳しい人であるからだ。舞台に接する度、芝居に関するお話をうかがう度に、芸に関しては妥協を許さない、求道者のようなストイックさに打たれる。初代以来の当たり役への取り組みについては本書でも記した。ここでは、それ以外の芸への厳しい姿勢を思い知らされた近年の舞台について記そう。

最初が、二〇一三年五月の第五期歌舞伎座「柿葺落大歌舞伎」の「伽羅先代萩」でつとめられた荒獅子男之助である。お家騒動の「伊達騒動」を題材にした作品で、男之助は、悪人から若殿を守ろうとする忠臣であり、「床下」という場面で、鼠を踏みつけながら、セリ上げで登場する。東京式の演じ方では、力強さを必要とする荒事の役だ。

悪臣仁木弾正の化けた鼠と立ち廻った末に、男之助は仁木の放った手裏剣を受け止める。胸を打たれたのは、鼠に逃げられた男之助が最後に発する「取り逃がしたか」の声だ。張りがあり、劇場の端々にまで響き渡り、荒事の声の出し方とはこういうものか、と再認識させられた。

もうひと役が二〇一六年十月歌舞伎座「芸術祭大歌舞伎」の「熊谷陣屋」で演じた源義経だ。義経は熊谷直実が打ち取った平敦盛（実は熊谷の子、小次郎）の首実検に陣屋を訪れる。この義経が素晴らしかった。「やあやあ熊谷、敦盛の首持参に及ばぬ」が第一声であるが、この時は襖の奥にいて姿は見えない。だが、発せられた声がはつらつとし、若き御大将そのものであった。義経は、陣屋に入り込んでいた石工の弥陀六が、幼いころに命を助けられた平家の武将、弥平兵衛宗清その人と見抜き、「宗清待て、イヤサ弥平兵衛宗清待て」と呼び止める。この台詞もまるで礫のように、激しく放たれ、ぴしりと決まった。

吉右衛門さんの得意とする役は「伽羅先代萩」なら仁木弾正、「熊谷陣屋」なら、本書でも取り上げた熊谷直実である。だが、男之助と義経でも、入魂の演技を見せる。声を加減して楽をしようなどという意識は微塵もない。それが二代目吉右衛門という俳優なのだと思う。

最後に、ご本人には嫌がられるかもしれないエピソードをひとつ。吉右衛門さんが指導をされた若手俳優が古典の名作に挑戦する勉強会を拝見した時のことだ。舞台の最中に、低い声が客席の後方から響いてきた。耳を傾けると間合いの早さや声の大きさを正確に指摘している。

もしやと思い、後日知佐夫人に確かめると声の主は、やはり吉右衛門さんであった。劇場後方の小部屋で舞台を見ていたのだが、どうにも演技が気になり、つい声を発してしまったのだろう。教えた以上は、最後まで責任を持たなければという思いのなせる業に違いない。その生真面目さがいかにも吉右衛門さんだ。

連載に加筆した単行本が毎日新聞社から刊行されたのが二〇〇九年。七年後に文庫化のお話をいただいた。その間に歌舞伎界にも吉右衛門さんの身辺にも大きな変化があった。歌舞伎座は建て替わり、吉右衛門さんには二人の孫ができた。文庫化にあたり、改めてお話をうかがい、新しい項目を立てられたこと、優秀なスタッフの揃った松竹大谷図書館作成の最新の年譜を掲載できたことがうれしい。

本書には多くの方のお力添えをいただいた。過分な序文まで書いて下さった吉右衛門さんには感謝の申し上げようもない。知佐夫人には、取材時はもちろん、原稿執筆時にも、記憶をたどってのご助言と貴重なお写真のご提供をいただいた。知佐夫人こそ吉右衛門さんと共に戦い続けてきた頼もしく優しく思いやりに満ちた同志と確信する。取材に応じてくださった皆さん、行き届いた解説をお寄せくださった水落潔さんにも、この場を借りて御礼を申し上げたい。

二〇一六年十月

小玉　祥子

中村吉右衛門　年譜

和／西暦	初日	千穐楽	劇場	外題	役名	備考
昭23 一九四八	06・05	06・30	東京劇場	御存俎板長兵衛	長松	六月興行大歌舞伎／初舞台
				ひらかな盛衰記 逆櫓	槌松実は駒若丸	
	11・04	11・29	東京劇場	増補双級巴 石川五右衛門	禿しげり	芸術祭公演、顔見世興行大歌舞伎
昭24 一九四九	09・02	09・27	東京劇場	ひらかな盛衰記 逆櫓	槌松実は駒若丸	八代目松本幸四郎襲名披露、九月興行大歌舞伎
	11・05	11・29	東京劇場	近江源氏先陣館 盛綱陣屋	小三郎	芸術祭顔見世興行大歌舞伎
昭25 一九五〇	01・02	01・27	東京劇場	顔揃櫓前賑	吉兵衛倅萬吉	吉例初春興行大歌舞伎、十七世中村勘三郎襲名披露
	11・03	11・27	東京劇場	淀君と三成	童和丸	昭和二十五年度文部省芸術祭、十一月興行大歌舞伎
昭26 一九五一	01・05	02・25	歌舞伎座	「六歌仙」の内 喜撰	所化	新春初開場大歌舞伎／歌舞伎座再開場
				華競歌舞伎誕生	秀頼	
	03・02	03・25	明治座	菅原伝授手習鑑 寺子屋	菅秀才	弥生興行大歌舞伎
	11・03	11・27	歌舞伎座	近江源氏先陣館 盛綱陣屋	小三郎	芸術祭十一月興行大歌舞伎
昭27 一九五二	01・02	01・26	歌舞伎座	金比羅利生記 花上野誉碑 志渡寺	田宮坊太郎	壽初春大歌舞伎
	02・04	02・27	新橋演舞場	西国卅三ヶ所 壺坂霊験記	観世音菩薩	二月興行大歌舞伎、仇討二大狂言上演
	04・02	04・27	歌舞伎座	清正誠忠録	幼君秀頼	四月興行大歌舞伎
昭28 一九五三	02・01	02・25	歌舞伎座	菅原伝授手習鑑 寺子屋	菅秀才	二月興行大歌舞伎
	07・04	07・28	明治座	通俗西遊記	錦官	七月興行、中村吉右衛門一座大歌舞伎
	09・01	09・27	歌舞伎座	極付幡随長兵衛	長松	九月大歌舞伎
	11・01	11・26	歌舞伎座	近江源氏先陣館 盛綱陣屋	小四郎	十一月興行、芸術祭大歌舞伎／天覧あり
				鬼一法眼三略巻 菊畑	女小姓	
昭29 一九五四	02・03	02・22	歌舞伎座	菅原伝授手習鑑 寺子屋	菅秀才	二月興行大歌舞伎
	02・14		歌舞伎座	菅原伝授手習鑑 寺子屋	菅秀才	第二十一回子供かぶき教室
	04・01	04・25	歌舞伎座	佐倉義民伝	倅彦七	四月興行大歌舞伎

	07・02	07・26	歌舞伎座	良寛と子守	村の女の子	七月興行大歌舞伎
	10・27		新橋演舞場	連獅子	(立方)	中村吉右衛門をしのぶ会
	11・02	11・26	歌舞伎座	珠取譚	一子房丸	芸術祭十一月大歌舞伎
	12・02	12・26	歌舞伎座	仮名手本忠臣蔵　十一段目	茶道春齋	十二月興行大歌舞伎
昭30 一九五五	01・02	01・30	歌舞伎座	恋女房染分手綱　重の井子別れ	自然薯の三吉実は与之助	壽初春大歌舞伎
	02・02	02・22	歌舞伎座	恋女房染分手綱　重の井子別れ	自然薯の三吉実は与之助	二月興行大歌舞伎
	03・03	03・27	明治座	鳥羽絵	ねずみ	三月興行大歌舞伎、中村吉右衛門劇団公演
	04・02	04・26	歌舞伎座	望月	安田の一子花若	四月興行大歌舞伎
	09・02		日比谷大音楽堂	(舞踊)		中村吉右衛門一周忌追憶の会
	09・04	09・28	歌舞伎座	追善口上 足柄山紅葉色時　山姥	 怪童丸後に坂田金時	中村吉右衛門一周忌追善、九月大歌舞伎
	11・03	11・27	歌舞伎座	女暫	金王丸	芸術祭十一月大歌舞伎
	12・03	12・27	歌舞伎座	戻駕色相肩	禿たより	十二月大歌舞伎
昭31 一九五六	01・02	01・29	歌舞伎座	吾背子恋の合槌　蜘蛛の拍子舞	女小姓糸筋	壽初春大歌舞伎
	03・15			続源義経[映画]	良成	製作・配給：東映
	04・01	04・25	歌舞伎座	ひらかな盛衰記　逆櫓 都鳥廓白浪　忍ぶの惣太	船頭又六 吉田梅若丸	四月大歌舞伎
	07・05	07・29	歌舞伎座	東海道四谷怪談 再茲歌舞伎花轢　お祭り	倅次郎吉 鳶の者金次	七月大歌舞伎
	11・03	(一九五七)12・26	TBS	忠臣蔵の人々(全五十九回)[TV]	吉千代	
	12・02	12・26	歌舞伎座	日高川入相花王	飛脚早助	十二月大歌舞伎
昭32 一九五七	01・02	01・27	歌舞伎座	茨木	太刀持音若	壽初春大歌舞伎
	06・04	06・28	新橋演舞場	隅田川続俤　法界坊	野分姫	中村吉右衛門劇団六月興行
	08・02	08・28	東横ホール	明智光秀	明智光慶、森力丸	文学座第七十一回公演
昭33 一九五八	01・06	08・25	日本テレビ	大助捕物帖[TV]	飴売り金太	
	04・15			夜の鼓[映画]	(小倉彦九郎義弟) 文六	製作：現代ぷろだくしょん、

年	初日	千秋楽	劇場	演目	役	備考
						配給：松竹
	05・02	05・26	明治座	近江源氏先陣館　盛綱陣屋	古郷新左衛門	五月大歌舞伎
	09・01	09・25	歌舞伎座	戦国御前	清康の妹お久	九月大歌舞伎
				茨木	士卒藤内	
	09・21		歌舞伎座	勧進帳	源義経	第七十回子供かぶき教室
	10・03	10・27	新宿松竹座	菅原伝授手習鑑　車引	桜丸	十月興行新鋭若手大歌舞伎
	11・01	11・26	歌舞伎座	慶応戊辰年	浜野定	芸術祭十一月大歌舞伎
	11・23		歌舞伎座	高坏	高足売	第七十二回子供かぶき教室
昭34　一九五九	01・02	01・26	新宿第一劇場	討入前夜　主税と右衛門七	大石主税	新宿第一劇場改名披露壽初春新鋭大歌舞伎
	04・01	04・25	歌舞伎座	勧進帳	駿河次郎	奉祝四月大歌舞伎
	04・27	04・28	新橋演舞場	嬢景清八嶋日記	土屋郡内	歌舞伎と文楽の提携による試演会
	06・02	06・26	新橋演舞場	極付幡随長兵衛	子分	六月興行大歌舞伎
	09・01	09・25	歌舞伎座	ひとり狼	島小僧の喜代蔵	五世中村歌右衛門廿年祭、九月大歌舞伎
	11・01	11・26	歌舞伎座	桜姫東文章	役僧知光	芸術祭十一月大歌舞伎
昭35　一九六〇	01・02	01・28	歌舞伎座	二條城の清正	豊臣秀頼	壽新春大歌舞伎
	02・01	02・25	歌舞伎座	慶喜命乞	葦田軍助	二月興行大歌舞伎
	03・01	03・24	明治座	弁天娘女男白浪	青砥左衛門	再開場二周年記念、三月大歌舞伎
	03・28		文京公会堂	一條大蔵譚　奥殿	一條大蔵卿	木の芽会第一回公演、古典歌舞伎研究
	09・01	09・25	歌舞伎座	河内山宗春	宗春の倅三之助	再興十周年改装披露記念興行、九月大歌舞伎
	09・11			敵は本能寺にあり［映画］	森蘭丸	製作・配給：松竹
	10・19			笛吹川［映画］	安蔵	製作・配給：松竹
	10・29	11・25	東京宝塚劇場	敦煌	尉遅光	東宝グランド・ロマンス、第十五回芸術祭主催公演
	11・29		新橋演舞場	花がたみ	（立方）	吉右衛門を偲ぶ会、いさ、波

昭36 一九六一	01・02	01・26	歌舞伎座	弁天娘女男白浪	忠信利平	壽新春大歌舞伎
	02・01	02・26	歌舞伎座	七代目松本幸四郎追善口上		七代目松本幸四郎追善特別公演
	03・29		産経ホール	船揃	（立方）	第二回名優舞踊祭、日本俳優協会東西合併記念
	04・29	04・30	芸術座	梶原平三誉石切	梶原平三	木の芽会第二回公演
	06・02	06・28	東京宝塚劇場	寿二人三番叟 野薔薇の城砦	三番 芹沢平九郎	東宝劇団歌舞伎公演
	07・02	07・26	梅田コマ劇場	鶴寿の顔見世 野薔薇の城砦	色奴、男伊達 芹沢平九郎	東宝劇団披露歌舞伎公演
	09・03	10・15	芸術座	有間皇子	有間皇子	東宝劇団特別公演
	10・		大阪産経会館	有間皇子	有間皇子	東宝劇団
	11・22			野盗風の中を走る［映画］	むっつりの弥助	製作・配給：東宝
	12・01	12・23	産経ホール	一谷嫩軍記　熊谷陣屋	堤軍次	東宝劇団歌舞伎公演
昭37 一九六二	01・02	02・26	芸術座	怪盗鼠小僧	畳屋半助	東宝劇団新春娯楽特別公演
	03・30	04・01	芸術座	菅原伝授手習鑑　加茂堤・賀の祝・寺子屋	梅王丸【加茂堤・賀の祝】、武部源蔵【寺子屋】	木の芽会第三回公演
	06・02	06・30	東京宝塚劇場	花の生涯	多田帯刀	東宝劇団特別公演
	11・03			忠臣蔵　花の巻・雪の巻［映画］	萱野三平	製作・配給：東宝
昭38 一九六三	04・27	04・29	芸術座	近江源氏先陣館　盛綱陣屋	信楽太郎	古典歌舞伎研究、木の芽会第四回公演
	07・10	07・30	読売ホール	夏祭浪花鑑	団七九郎兵衛	東宝劇団夏の特別公演
	09・05	09・29	読売ホール	桑名屋徳蔵入舟噺	高丸亀次郎	東宝現代劇
	11・02	11・27	明治座	蒼き狼 湯島切通し 明智光秀	カサル 神谷十次郎 森蘭丸	東宝・明治座提携、東宝劇団、十一月公演
	12・01	12・25	大阪新歌舞伎座	明智光秀 二條城の清正 三人片輪	森蘭丸 豊臣秀頼 盲半之丞	日本ドリーム観光・東宝提携、東宝劇団初出演、十二月興行

昭39 一九六四	02・08	03・03	東京宝塚劇場	蒼き狼	カサル	東宝現代劇二月特別公演
	03・24	03・27	芸術座	双蝶々曲輪日記　角力場・米屋・難波裏殺し・引窓	放駒長吉【角力場・米屋・難波裏殺し】、南与兵衛後に南方十次兵衛【引窓】	古典歌舞伎研究、木の芽会第五回公演
	04・01	04・28	大阪新歌舞伎座	千姫御殿 極付幡随長兵衛 元禄忠臣蔵　大石最後の一日 男達ばやり	坂崎出羽守 坂田公平、出尻清兵衛 磯貝十郎左衛門 朝日奈三郎兵衛	松本幸四郎・山本富士子、東宝劇団、四月特別公演
	05・02	05・26	御園座	一谷嫩軍記　熊谷陣屋 蛍 かあちゃん 雪月花　第一景：鷺と烏、第五景：供奴	堤軍次 （長州藩士）三吉慎蔵 （泥棒）勇吉 若き男（烏の精）【鷺と烏】、殿様【供奴】	御園座・東宝提携第一回公演、東宝劇団五月公演
	06・03	06・30	東京宝塚劇場	花と匕首	江口房之助	東宝劇団六月特別公演
	09・01	09・26	明治座	原田家の人々 新平家物語　清盛と常磐 さぶ	堀内茂助 光厳 さぶ	東宝・明治座提携、東宝劇団九月特別公演／病気のため中途で休演
	10・17	12・27	芸術座	墨東綺譚	種田順平	東宝現代劇、第十九回芸術祭主催公演
昭40 一九六五	02・02	02・28	東京宝塚劇場	伊達政宗 鬼の少将夜長話 むさしの兄弟	伊達小次郎 三人の鬼 相模屋仙之助	七世松本幸四郎追善特別公演
	03・01	03・25	歌舞伎座	名和長年 勧進帳	子息又三郎義泰 片岡八郎	七世松本幸四郎追善、三月大歌舞伎
	06・03	06・29	東京宝塚劇場	般若寺絵巻 長崎出島	木工右馬允知時 末永伊作	東宝劇団六月特別公演
	07・14	07・25	芸術座	東海道四谷怪談	直助権兵衛、小汐田又之丞	古典歌舞伎研究、木の芽会第六回公演
	07・29	08・01	名鉄ホール	東海道四谷怪談	直助権兵衛、小汐田又之丞	木の芽会公演

	09・18	09・26	芸術座	綸本合法辻　立場の太平次	孫七	東宝劇團名作歌舞伎
	10・02	10・26	御園座	双蝶々曲輪日記　角力場 菅原伝授手習鑑　車引	放駒長吉 梅王丸	十月名古屋初顔見世興行、御園座創立七十周年記念
	12・01	12・26	南座	菅原伝授手習鑑　車引 近江源氏先陣館　盛綱陣屋 積恋雪関扉 土蜘	松王丸 信楽太郎 義峯少将宗貞（代役） 番卒次郎	京の年中行事、当る午歳寿吉例顔見世興行
昭41 一九六六	01・02	01・30	東京宝塚劇場	新太閤記	与助のちに木下藤吉郎	新春歌舞伎東宝劇団特別公演
	05・01	06・12	芸術座	八幡船 赤と黒	孫八実は大国左近 ジュリアン・ソレル	東宝現代劇名作公演
	06・15	06・27	芸術座	ひらかな盛衰記　逆櫓 素襖落	松右衛門実は樋口次郎兼光 大名	木の芽会第七回公演
	09・20	09・26	帝国劇場	序開きの式		帝国劇場開場披露オール東宝スターオープニング・フェスティバル開幕
	10・01	10・28	帝国劇場	中村萬之助改め二代目中村吉右衛門襲名披露口上 祇園祭礼信仰記　金閣寺 積恋雪関扉 盲長屋梅加賀鳶	 此下東吉実は真柴久吉 義峯少将宗貞 加賀鳶竹五郎	帝国劇場開場披露歌舞伎公演、二代目中村吉右衛門襲名
	12・02	12・23	国立劇場大劇場	菅原伝授手習鑑　車引・賀の祝	梅王丸	国立劇場開場記念
昭42 一九六七	02・02	02・26	歌舞伎座	一谷嫩軍記　陣門・組打 二月堂秘法　達陀 極付幡随長兵衛	敦盛、小次郎 練行衆 出尻清兵衛	二月大歌舞伎
	04・01	06・24	フジテレビ	おーい！わが家[TV]	吉男	
	04・29	06・26	芸術座	太宰治の生涯　同氏作品集より	私	東宝現代劇特別公演
	08・04	08・13	国立劇場小劇場	時今也桔梗旗揚	武智光秀	木の芽会第八回公演
	10・01	10・25	御園座	勧進帳 菅原伝授手習鑑　寺子屋 一條大蔵譚　奥殿	富樫左衛門 武部源蔵 一條大蔵卿	昭和四十二年度名古屋市民芸術祭参加、吉例名古屋顔見世興行、二

				盲長屋梅加賀鳶	加賀鳶魁勇次	代目中村吉右衛門・八代目中村福助・五代目中村松江・六代目中村東蔵襲名披露
昭43 一九六八	01・02	01・29	東京宝塚劇場	徳川の夫人たち	鷹司信平	東宝新春特別公演
	02・04	02・15	国立劇場小劇場	一谷嫩軍記 熊谷陣屋 土蜘	源義経 僧智籌実は土蜘の精	木の芽会第九回公演
	02・24			藪の中の黒猫［映画］	彼（藪ノ銀時）	製作：近代映画協会・日本映画新社、配給：東宝
	03・04	03・12	帝国劇場	徳川の夫人たち	鷹司信平	帝劇特別公演
	03・17	04・24	帝国劇場	忠臣蔵	勝田新左衛門	帝劇歌舞伎第二回公演
	05・17		NHK	文五捕物絵図（第五十五回）［TV］	平吉	
	07・04	07・31	東京宝塚劇場	弥次喜多 東海道中膝栗毛	喜多八	東宝七月特別公演
	09・01	10・27	芸術座	さぶ	さぶ	明治百年記念芸術祭参加特別公演・東宝現代劇
	11・01	12・27	芸術座	カリーライス誕生	相良淳蔵	東宝現代劇特別公演
昭44 一九六九	01・02	01・28	東京宝塚劇場	天と地と	武田晴信	東宝新春特別公演
	03・03	07・14	テレビ朝日	ながい坂（全二十回）［TV］	阿部主水正	
	05・24			心中天網島［映画］	紙屋治兵衛	製作：表現社・日本ATG、配給：日本ATG
	07・03	07・07	芸術座	双蝶々曲輪日記 角力場・米屋・難波裏殺し・引窓	濡髪長五郎	木の芽会第十回公演
	07・12			あゝ海軍［映画］	平田一郎	製作・配給：大映
	07・21	08・29	芸術座	巨人の星	父親星一徹	東宝「みどりの劇場」第一回公演
	10・01	10・26	明治座	ながい坂 上意討ち	三浦主水正 笹原与五郎	松本幸四郎、十月特別公演
	10・04	（一九七〇）03・28	日本テレビ	右門捕物帖（全二十六回）［TV］	むっつり右門（近藤右門）	
	12・03	12・25	国立劇場大劇場	元禄忠臣蔵 江戸城の刃傷	多門伝八郎	第二十九回十二月歌舞伎公演

昭45 一九七〇	01・02	02・28	芸術座	雪国	島村	東宝現代劇新春特別公演
	04・03	04・30	帝国劇場	風と雲と砦	山名鬼頭太	帝劇グランド・ロマン公演
	05・05	05・29	歌舞伎座	一條大蔵譚 奥殿 三世中村歌六五十回忌追善口上 松浦の太鼓 釣女	一條大蔵卿 大高源吾 太郎冠者	三世中村歌六五十回忌追善、五月大歌舞伎
	05・08	07・03	芸術座	雪国	島村	東宝現代劇特別公演
	07・09	07・22	国立劇場小劇場	仮名手本忠臣蔵 七段目 勧進帳	千崎弥五郎 武蔵坊弁慶	木の芽会十周年記念公演
	09・01	09・27	帝国劇場	鬼平犯科帳 勧進帳 一谷嫩軍記 熊谷陣屋 初代中村吉右衛門十七回忌追善口上	木村忠吾 源義経 熊谷直実	初代中村吉右衛門十七回忌追善帝劇九月特別公演
	10・03	10・28	東京宝塚劇場	王朝ミュージカル・夜な夜な中納言 横浜どんたく―富貴楼おくら―	宵待の朝臣 志賀敬太	東宝十月秋の特別公演
	11・05	11・27	国立劇場大劇場	大老	古関次之介	第三十六回十一月歌舞伎公演
	12・03	12・23	国立劇場大劇場	元禄忠臣蔵 江戸城の刃傷・仙石屋敷・大石最後の一日	多門伝八郎【江戸城の刃傷】、磯貝十郎左衛門【仙石屋敷・大石最後の一日】	第三十七回十二月歌舞伎公演
昭46 一九七一	01・02	02・25	芸術座	可愛い女	仁科浩平	東宝現代劇新春特別公演
	03・02	03・28	帝国劇場	七世松本幸四郎二十三回忌追善口上 椿三十郎 三人盗賊 助六曲輪江戸桜	 井坂十郎太 鬼丸 朝顔仙平	帝国劇場開場六十周年記念、七世松本幸四郎二十三回忌追善三月大歌舞伎
	04・03	04・27	明治座	天地静大 日蓮 鬼平犯科帳 狐火	杉浦透 北条時宗 文吉	松本幸四郎、四月奮斗公演
	05・01	05・25	大阪新歌舞伎座	菅原伝授手習鑑 寺子屋 彦山権現誓助劔 毛谷村 籠釣瓶花街酔醒	松王丸 毛谷村六助 下男治六	第三回吉例大阪顔見世、襲名披露大歌舞伎

	06・04	06・30	帝国劇場	風林火山	山本勘助	帝劇グランド・ロマン特別公演
	08・14	08・16	国立劇場小劇場	積恋雪関扉	関兵衛実は黒主	第四回青年歌舞伎祭、木の芽会公演
	10・02	10・23	地方巡業	吉右衛門襲名披露口上 菅原伝授手習鑑　寺子屋 土蜘	 武部源蔵 僧智籌実は土蜘の精	
	10・07	(一九七二) 03・30	テレビ朝日	鬼平犯科帳　第二シリーズ［TV］	長谷川辰蔵	
	12・03	12・26	帝国劇場	仮名手本忠臣蔵　七段目 義経千本桜　吉野山 勧進帳 松浦の太鼓	寺岡平右衛門 忠信実は源九郎狐 富樫左衛門 松浦鎮信	帝劇大歌舞伎十二月特別公演
昭47 一九七二	01・02	02・28	芸術座	桐の花咲く	戸田岩男	東宝現代劇新春特別公演
	04・06	04・30	帝国劇場	春の嵐　戊辰凌霜隊始末	片桐段六	帝劇グランド・ロマン公演
	05・02	05・26	大阪新歌舞伎座	勧進帳 元禄忠臣蔵　御浜御殿 土蜘	富樫左衛門 富森助右衛門 僧智籌実は土蜘の精	第四回吉例大阪顔見世花形歌舞伎
	06・04	06・26	国立劇場大劇場	滝の白糸	村越欣弥	六月新派公演
	07・07	09・29	TBS	いま炎のとき（全十三回）［TV］	科学評論家藤瀬	
	10・02	10・26	歌舞伎座	勧進帳	武蔵坊弁慶（11～18日）／富樫左衛門（3～6日、23～26日）／源義経（7～10日、19～22日）	藝術祭十月大歌舞伎
	11・05	11・27	国立劇場大劇場	盲長屋梅加賀鳶 近江源氏先陣館　盛綱陣屋 四千両小判梅葉 乗合船恵方萬歳 高瀬舟	加賀鳶魁勇次 信楽太郎 隅隠居音羽勘右衛門 鳶頭万太 利作	第五十三回十一月歌舞伎公演
	12・02	12・25	帝国劇場	嫁景清八嶋日記 一條大蔵譚　檜垣・奥殿 土蜘	土屋郡内 吉岡鬼次郎 僧智籌実は土蜘の精	帝劇大歌舞伎十二月特別公演

昭48 一九七三	01・02	02・27	帝国劇場	冥途の飛脚　梅川忠兵衛　新口村 積恋雪関扉 天衣紛上野初花　河内山	亀屋忠兵衛 義峯少将宗貞 河内山宗俊	新春特別公演
	03・03	03・27	南座	新・平家物語 一條大蔵譚　檜垣・奥殿 弁天娘女男白浪　浜松屋・勢揃 素襖落 天衣紛上野初花　河内山と直侍	源義経 一條大蔵卿 日本駄右衛門 大名 河内山宗俊	三月花形歌舞伎
	05・03	05・29	帝国劇場	暗闇の丑松 鬼の少将夜長話	美濃半の煮方丑松 春雅	中村吉右衛門・若尾文子帝劇五月特別公演
	06・05	06・27	国立劇場大劇場	小絲佐七お房綱五郎　心謎解色絲	本庄綱五郎	第五十九回六月歌舞伎公演
	08・17	08・19	国立劇場小劇場	伊勢音頭恋寝刃	福岡貢	第六回青年歌舞伎祭、木の芽会公演
	09・02	09・26	歌舞伎座	土蜘 東海道四谷怪談	僧智籌実は土蜘の精 直助権兵衛	新秋九月大歌舞伎
	10・05	10・27	国立劇場大劇場	婦系図	早瀬主税	第二回十月新派公演
	11・04	11・26	国立劇場大劇場	江戸城総攻　将軍江戸を去る	徳川慶喜	第六十一回十一月歌舞伎公演
	12・01	12・25	帝国劇場	高時 勧進帳 国性爺合戦 雪暮夜入谷畦道	北条高時 富樫左衛門 甘輝 片岡直次郎	帝劇大歌舞伎十二月特別公演
昭49 一九七四	01・02	02・27	帝国劇場	国盗り物語　信長と光秀	明智光秀	新春特別公演
	03・01	03・25	南座	双蝶々曲輪日記　引窓 勧進帳	南与兵衛後に南方十次兵衛 武蔵坊弁慶（6～9日・18～21日）／富樫左衛門（2～5日・22～25日）／源義経（10～17日）	三月花形歌舞伎
	04・02	04・27	歌舞伎座	時今也桔梗旗揚 新皿屋舗月雨暈　魚屋宗五郎 源氏物語　朧月夜かんの君 花街模様薊色縫　十六夜清心	武智光秀 磯部主計之助 朱雀帝 清心	陽春四月大歌舞伎

	05.02	05.26	歌舞伎座	春日局 勧進帳 頼朝の死 梅雨小袖昔八丈　髪結新三 釣女	青山忠俊 亀井六郎 畠山重保 下剃勝奴 太郎冠者	五月大歌舞伎
	06.04	06.28	新橋演舞場	菅原伝授手習鑑　寺子屋 紅葉狩 元禄忠臣蔵　御浜御殿 義経千本桜　吉野山	松王丸 平維茂 富森助右衛門 忠信実は源九郎狐	六月花形歌舞伎
	08.18	08.20	国立劇場小劇場	与話情浮名横櫛　源氏店 再茲歌舞伎花轢　お祭り	与三郎 鳶頭	第七回青年歌舞伎祭、木の芽会公演
	09.02	09.26	歌舞伎座	吹雪峠 極付幡随長兵衛 道行旅路の花聟　落人 曽我綉侠御所染　御所五郎蔵	直吉 出尻清兵衛 早野勘平 子分梶原平蔵	九月大歌舞伎
	10.05	10.27	国立劇場大劇場	日本橋	葛木晋三	第三回十月新派公演
	11.05	11.27	国立劇場大劇場	戰國流轉記	善十事鎌田刑部左衛門	第六十八回十一月歌舞伎公演
	12.02	12.25	帝国劇場	御存鈴ヶ森 弁天娘女男白浪　浜松屋・勢揃 与話情浮名横櫛　源氏店	幡随院長兵衛 南郷力丸 与三郎	帝劇大歌舞伎十二月特別公演
昭50 一九七五	01.02	01.26	新橋演舞場	風流深川唄 歌行燈 新年の寿	長蔵 恩地喜多八 名古屋山三	新派初春特別公演、中村吉右衛門特別参加
	02.01	02.25	新橋演舞場	鎌倉三代記 半七捕物帳　勘平の死	佐々木高綱 千崎弥五郎（劇中劇）、和泉屋番頭和吉	二月大歌舞伎
	02.02	02.25	新橋演舞場	隅田川続俤　法界坊	道具屋甚三	二月大歌舞伎
	03.01	03.25	南座	大森彦七 梶原平三誉石切 土蜘	大森彦七 梶原平三 源頼光	三月花形歌舞伎

年	初日	千秋楽	劇場	演目	役	備考
	04・03	04・27	中日劇場	婦系図	早瀬主税	陽春特別公演
	05・03	05・27	新橋演舞場	皇女和の宮	帥の宮	松竹八十周年記念、五月新派特別公演、中村吉右衛門・坂東玉三郎特別参加
	05・04	05・28	歌舞伎座	菅原伝授手習鑑　車引	松王丸	松竹八十周年記念、五月大歌舞伎
	07・03	07・27	歌舞伎座	東海道中膝栗毛 颶風時代　御殿山焼討 助六曲輪澤瀉桜	北八 志道聞多 くわんぺら門兵衛	初代市川猿翁・三代目市川段四郎十三回忌追善、七月大歌舞伎
	08・08	08・10	国立劇場小劇場	夏祭浪花鑑	団七九郎兵衛	第八回青年歌舞伎祭、木の芽会公演
	09・01	09・25	歌舞伎座	勧進帳 暫 七世松本幸四郎二十七回忌追善口上 仮名手本忠臣蔵　七段目	亀井六郎 成田五郎義秀 寺岡平右衛門	七世松本幸四郎二十七回忌追善、九月大歌舞伎
	10・02	10・26	御園座	時今也桔梗旗揚 近江源氏先陣館　盛綱陣屋 元禄忠臣蔵　大石最後の一日 勧進帳	武智光秀 信楽太郎 磯貝十郎左衛門 富樫左衛門	創立八十周年記念興行、吉例名古屋顔見世
	11・05	11・27	国立劇場大劇場	平将門　叛逆時代	平貞盛	第七十五回十一月歌舞伎公演
	12・02	12・25	帝国劇場	義経千本桜　すし屋 井伊大老　雪の雛 さぶ	梶原平三 井伊直弼 さぶ	吉例帝劇大歌舞伎十二月特別公演
昭51 一九七六	01・02	01・26	新橋演舞場	金色夜叉 振袖紅梅	間貫一 佐藤友次郎	新派初春公演、中村吉右衛門特別参加
	04・02	04・26	歌舞伎座	鶴亀 加賀見山旧錦絵 宮島だんまり 弥栄芝居賑　猿若座芝居前	鶴 奴伊達平 結城采女之助 男達播磨屋辰次	江戸歌舞伎三百五十年、猿若祭四月大歌舞伎
	05・02	05・26	大阪新歌舞伎座	勧進帳 天衣紛上野初花　河内山	富樫左衛門 河内山宗俊	吉例第八回大阪顔見世大歌舞伎
	06・04	06・28	新橋演舞場	連獅子	狂言師右近後に親獅子の精	六月花形歌舞伎

	07・01	08・08	地方巡業	時今也桔梗旗揚	武智光秀	松竹大歌舞伎特別公演
				梶原平三誉石切	梶原平三	
				お目見得口上		
	09・02	09・26	歌舞伎座	松浦の太鼓	大高源吾	九代目澤村宗十郎・二代目澤村藤十郎襲名披露、九月大歌舞伎
				鬼一法眼三略巻　菊畑	奴智恵内	
				九代目澤村宗十郎・二代目澤村藤十郎襲名披露口上		
	10・01	10・25	御園座	巷談宵宮雨	虎鰒の太十	東西合同大歌舞伎、吉例名古屋顔見世
				将軍江戸を去る	徳川慶喜	
				雨の五郎	曽我五郎	
				仮名手本忠臣蔵　七段目	寺岡平右衛門	
	11・01	11・25	歌舞伎座	吉例寿曽我	八幡三郎行成	顔見世復活二十周年、吉例顔見世大歌舞伎
				一谷嫩軍記　熊谷陣屋	源義経	
	12・03	12・25	帝国劇場	盲長屋梅加賀鳶	加賀鳶雷五郎次	吉例帝劇大歌舞伎十二月特別公演
				伽羅先代萩　対決・刃傷	渡辺民部	
				一谷嫩軍記　陣門・組討	熊谷直実	
				弁天娘女男白浪　浜松屋・勢揃	南郷力丸	
				鳥辺山心中	坂田市之助	
				勧進帳	富樫左衛門	
昭52 一九七七	01・02	01・26	歌舞伎座	女暫	(後見)	壽初春大歌舞伎
				井伊大老	長野主膳	
				鴛鴦襖恋睦	股野五郎	
				ぢいさんばあさん	下島甚右衛門	
	02・26		NHKホール	仮名手本忠臣蔵　七段目	寺岡平右衛門	第三回NHK古典芸能鑑賞会
	04・03	04・27	国立劇場大劇場	隅田川花御所染　女清玄	猿島惣太実は粟津七郎	第八十五回四月歌舞伎公演
	05・03	05・27	大阪新歌舞伎座	聚楽物語	関白豊臣秀次	吉例第九回大阪顔見世大歌舞伎、九代目澤村宗十郎・二代目澤村藤十郎襲名披露
				九代目澤村宗十郎・二代目澤村藤十郎襲名披露口上		
				親子燈籠	御家人片岡直次郎	
				高坏	高足売	
				巷談宵宮雨	虎鰒の太十	

	06・04	06・26	国立劇場大劇場	本朝廿四孝	長尾景勝	第八十六回六月歌舞伎公演
				本朝廿四孝　十種香	蓑作実は武田勝頼	
	06・30	07・31	地方巡業	お目見得口上		松竹大歌舞伎特別公演
				伊賀越道中双六　沼津	呉服屋十兵衛	
	09・01	09・25	歌舞伎座	名月八幡祭	縮屋新助	九月大歌舞伎
				身替座禅	太郎冠者	
				勧進帳	武蔵坊弁慶（10～17日）／富樫左衛門（2～5日、22～25日）／源義経（6～9日、18～21日）	
	10・01	10・25	歌舞伎座	怪談蚊喰鳥	遊人孝次郎	十月大歌舞伎
				平家物語　建礼門院	平重衡	
				双蝶々曲輪日記　角力場・引窓	濡髪長五郎	
	10・26		歌舞伎座	吉野の雪	義経	昭和五十二年度文化庁芸術祭参加、現代吟詠鈴木鶯風公演
	10・27		浅草公会堂	鶴亀		浅草公会堂こけら落し
	11・05	11・27	国立劇場大劇場	海援隊　龍馬と同志の人びと	坂本龍馬	第八十八回十一月歌舞伎公演
	12・03	12・25	国立劇場大劇場	天衣紛上野初花　河内山と直侍	松江出雲守	第八十九回十二月歌舞伎公演
昭53 一九七八	01・02	01・26	歌舞伎座	春のことぶれ　桜の花槍（花槍）	伊達奴	壽初春大歌舞伎
				根元草摺引	曽我五郎	
				一條大蔵譚　檜垣・奥殿	一條大蔵卿（代役）	
				元禄忠臣蔵　御浜御殿	富森助右衛門	
	03・04	03・29	帝国劇場	菊櫻　加賀百万石の夫婦	前田利家	帝劇三月特別公演
	04・01	04・25	歌舞伎座	矢の根	曽我五郎	陽春四月大歌舞伎
				皐月闇宇都谷峠	伊丹屋十兵衛	
				京鹿子娘道成寺	所化清浄坊	
	05・03	05・28	大阪新歌舞伎座	みだれ鼓	（藩士）小倉彦九郎	新歌舞伎座開場二十周年記念、新歌舞伎座出演十五周年記念、山本富士子特別公演、中村吉右衛門特別出演、澤村藤十郎・坂東簑助出演
				錦舞扇　艶姿祭囃子・錦舞扇	鳶頭吉蔵【艶姿祭囃子】、鳶頭【錦舞扇】	

	06・03			お吟さま［映画］	高山右近	製作：宝塚映画製作所、配給：東宝
	06・03	06・27	新橋演舞場	ひらかな盛衰記　逆櫓 素襖落 地獄変 夏祭浪花鑑	畠山重忠 太郎冠者 絵師良秀 団七九郎兵衛	六月花形歌舞伎
	06・10			白き氷河の果てに［映画］	ナレーター	製作：北斗映画プロダクション、配給：東宝東和
	07・04	07・25	国立劇場大劇場	義経千本桜　すし屋	いがみの権太	第十三回歌舞伎鑑賞教室
	08・26	09・23	地方巡業	梶原平三誉石切 お目見得口上 仮名手本忠臣蔵　七段目	梶原平三 寺岡平右衛門	松竹大歌舞伎特別公演
	09・30	10・25	御園座	梶原平三誉石切 土蜘 曽我綉侠御所染　御所五郎蔵 劇団結成三十年御挨拶　初霞空住吉　かっぽれ	梶原平三 渡辺源次綱 星影土右衛門 吉坊主	菊五郎劇団結成三十年記念、第十四回吉例顔見世
	11・05	11・27	国立劇場大劇場	元禄忠臣蔵　江戸城の刃傷・最後の大評定	多門伝八郎【江戸城の刃傷】、井関徳兵衛【最後の大評定】	第九十四回歌舞伎公演、真山青果生誕百年記念
	11・30	12・25	南座	矢の根 新皿屋舗月雨暈　魚屋宗五郎 土屋主税	曽我五郎 磯部主計之助 大高源吾	京の年中行事、当る未歳、吉例顔見世興行、東西合同大歌舞伎
昭54 一九七九	01・02	01・26	歌舞伎座	梶原平三誉石切 三人吉三巴白浪	梶原平三 和尚吉三	当る未歳寿初春大歌舞伎
	02・01	02・25	新橋演舞場	土蜘 将軍江戸を去る 杜若艶色紫	僧智籌実は土蜘の精 徳川慶喜 佐野次郎左衛門	二月花形歌舞伎
	03・04	03・28	歌舞伎座	黄金の日日 祇園祭礼信仰記　金閣寺	石田三成 此下東吉実は真柴久吉	三月顔合せ大歌舞伎

04・01	04・25	歌舞伎座	侠客春雨傘 神楽諷雲井曲毬　どんつく 新薄雪物語 戻駕色相肩 茨木	曲輪の鳶頭辰五郎 太鼓打亀吉 刀鍛冶団九郎 浪花の次郎作実は石川五右衛門 士卒運藤	陽春四月大歌舞伎
05・01	05・26	大阪新歌舞伎座	花の吉原百人斬り	次郎左衛門	京マチ子特別公演、中村吉右衛門特別出演
06・03	06・27	新橋演舞場	籠釣瓶花街酔醒 勧進帳 細川ガラシャ夫人	佐野次郎左衛門 富樫左衛門 細川忠興	演舞場お名残り公演、六月名作歌舞伎
06・30	07・31	地方巡業	頼朝の死 お目見得口上	源頼家	松竹大歌舞伎特別公演
08・10	08・22	国立劇場小劇場	勧善懲悪覗機関　村井長庵	村井長庵、紙屑買久八	第九十九回八月歌舞伎公演
08・30	09・25	地方巡業	鳴神 お目見得口上	鳴神上人	文化庁移動芸術祭歌舞伎公演
10・01	10・25	歌舞伎座	仮名手本忠臣蔵　七段目 山椒大夫　安寿と厨子王 猩々、三社祭 盲長屋梅加賀鳶 米百俵	寺岡平右衛門 関白藤原師実 猩々、善玉 加賀鳶魁勇次 伊東喜平太	藝術祭十月大歌舞伎
10・27		長岡市立劇場	米百俵	伊東喜平太	松竹大歌舞伎特別公演
11・04	11・26	国立劇場大劇場	元禄忠臣蔵　伏見撞木町・御浜御殿・南部坂雪の別れ	徳川綱豊【御浜御殿】・羽倉斎宮【南部坂雪の別れ】（4日）、徳川綱豊・大石内蔵助【伏見撞木町・南部坂雪の別れ】（代役／5日より）	第一〇〇回十一月歌舞伎公演／松本幸四郎休演による代役
11・30	12・25	南座	籠釣瓶花街酔醒 将軍江戸を去る	佐野次郎左衛門 徳川慶喜	南座松竹経営七十五年記念、京の年中行事、当る申歳吉例顔見世興行、東西合同大歌舞伎

昭55 一九八〇	01・02	01・27	浅草公会堂	鳴神 雪暮夜入谷畦道	鳴神上人 片岡直次郎	壽初春花形歌舞伎
	02・28		NHKホール	平家女護島　俊寛	丹左衛門	第六回NHK古典芸能鑑賞会
	03・01	03・27	歌舞伎座	仮名手本忠臣蔵　大序・三段目・四段目・道行旅路の花聟・五段目・六段目	塩冶判官【大序・三段目・四段目】（8～14日、22～27日）／斧定九郎【五段目】（8～14日、22～27日）／早野勘平【道行旅路の花聟・五段目・六段目】（1～7日、15～21日）	三月花形大歌舞伎
	03・28		歌舞伎座	其噂櫻色時　身替りお俊	関取白藤源太	雀右衛門の会第一回公演
	04・09	09・24	テレビ東京	斬り捨て御免！　第一シリーズ（全二十六回）［TV］	花房出雲	
	05・01	05・25	大阪新歌舞伎座	日本巌窟王	葵月之介	五月薫風公演
	07・27		NHKホール	弁天娘女男白浪　浜松屋・勢揃	日本駄右衛門	第五回NHK伝統芸能の会
	09・01	09・26	歌舞伎座	双蝶々曲輪日記　引窓 釣女 鬼一法眼三略巻　菊畑 初代中村吉右衛門二十七回忌追善口上	南与兵衛後に南方十次兵衛 太郎冠者 奴智恵内	初代中村吉右衛門二十七回忌追善、九月大歌舞伎
	10・03	10・27	御園座	番町皿屋敷 弁天娘女男白浪　浜松屋・勢揃 上意討ち	青山播磨 日本駄右衛門 笹原監物	創立八十五周年記念、第十六回吉例顔見世、八代目坂東彦三郎襲名披露
	12・02	12・25	国立劇場大劇場	玉藻前曦袂　金毛九尾狐・那須野原殺生石	薄雲皇子【金毛九尾狐】、座頭【殺生石】	第一〇八回十二月歌舞伎公演
昭56 一九八一	01・02	01・26	歌舞伎座	松竹梅　竹 傾城反魂香 人情噺文七元結	金吾卿 浮世又平 鳶頭伊兵衛	当る酉歳壽初春大歌舞伎

03・01	03・26	歌舞伎座	梶原平三誉石切 殉死禁令 積恋雪関扉	俣野五郎 三十俵取りの侍中村五助 関兵衛実は黒主	三月大歌舞伎
04・02	04・26	歌舞伎座	元禄忠臣蔵 最後の大評定・御浜御殿・南部坂雪の別れ・仙石屋敷	井関徳兵衛【最後の大評定】、徳川綱豊【御浜御殿】、羽倉斎宮【南部坂雪の別れ】	陽春四月大歌舞伎／四日より病気のため千穐楽まで休演
04・08	09・16	テレビ東京	斬り捨て御免！ 第二シリーズ(全二十五回)[TV]	花房出雲	
06・02	06・26	歌舞伎座	妹背山婦女庭訓 御殿 五代目中村歌六・五代目中村時蔵・三代目中村歌昇襲名披露口上	鱶七実は金輪五郎	三代目中村時蔵二十三回忌追善、六月大歌舞伎、五代目中村歌六・五代目中村時蔵・三代目中村歌昇襲名披露
09・01	09・25	歌舞伎座	巷談宵宮雨 伽羅先代萩 御殿・床下 忍夜恋曲者 将門	虎鰒の太十 八汐【御殿】、仁木弾正【床下】 大宅太郎光圀(奇数日出演)	九月大歌舞伎
10・02	10・26	歌舞伎座	寿曽我対面 盲長屋梅加賀鳶 菅原伝授手習鑑 寺子屋 初代松本白鸚・九代目松本幸四郎・七代目市川染五郎襲名披露口上 仮名手本忠臣蔵 七段目	曽我五郎 加賀鳶春木町巳之助 武部源蔵 千崎弥五郎	初代松本白鸚・九代目松本幸四郎・七代目市川染五郎襲名披露、藝術祭十月大歌舞伎
11・01	11・25	歌舞伎座	素襖落 井伊大老 ひらかな盛衰記 逆櫓 初代松本白鸚・九代目松本幸四郎・七代目市川染五郎襲名披露口上 助六曲輪江戸桜	大名 井伊直弼(代役) 松右衛門実は樋口次郎兼光 くわんぺら門兵衛	十一月吉例顔見世大歌舞伎、初代松本白鸚・九代目松本幸四郎・七代目市川染五郎襲名披露／松本白鸚病気による代役
12・01	12・26	南座	天衣紛上野初花 河内山 寿曽我対面	河内山宗俊 鬼王新左衛門	南座発祥三百六十五年記念、京の年中行事、当る戊歳、吉例顔見世

昭57 一九八二	01・02	01・26	歌舞伎座	松竹梅　青海波 彦山権現誓助剱　毛谷村 毛抜	曽我五郎 毛谷村六助 勅使桜町中将	興行、東西合同大歌舞伎 当る戌歳壽初春大歌舞伎
	03・02	03・26	歌舞伎座	盲目の弟 近江源氏先陣館　盛綱陣屋	準吉 佐々木盛綱	三月大歌舞伎
	05・03	05・28	歌舞伎座	世響太鼓功　酒井の太鼓 三社祭	鳥居元忠 善玉	新装開場記念、團菊祭五月大歌舞伎
	06・09	11・17	テレビ東京	斬り捨て御免！　第三シリーズ（全二十二回）［TV］	花房出雲	
	07・04	07・25	国立劇場大劇場	平家女護島　俊寛	俊寛	第二十一回歌舞伎鑑賞教室
	07・22		NHKホール	勧進帳	富樫左衛門	第七回NHK伝統芸能の会
	09・02	09・26	歌舞伎座	時今也桔梗旗揚 隅田川続俤　法界坊 花街模様薊色縫　十六夜清心	四王天但馬守 道具屋甚三 清心	九月大歌舞伎
	10・02	10・27	御園座	操三番叟 菅原伝授手習鑑　寺子屋 壇浦兜軍記　阿古屋 勧進帳 雪暮夜入谷畦道　直侍	翁 武部源蔵 岩永左衛門 富樫左衛門 片岡直次郎	東西合同大歌舞伎、第十八回吉例顔見世、九代目松本幸四郎襲名披露
	10・30		早稲田大学大隈講堂	勧進帳	富樫左衛門	早稲田大学百周年記念行事
	11・03	11・25	国立劇場大劇場	彦山権現誓助剱　杉坂墓所・毛谷村	毛谷村六助	第一一七回十一月歌舞伎公演
	12・01	12・26	南座	勧進帳 梶原平三誉石切 ぢいさんばあさん 勧進帳	富樫左衛門 梶原平三 下島甚右衛門 富樫左衛門	京の年中行事、当る亥歳、吉例顔見世興行、東西合同大歌舞伎 九代目松本幸四郎襲名披露
昭58 一九八三	01・02	01・26	歌舞伎座	菅原伝授手習鑑　寺子屋 寿曽我対面	松王丸 曽我五郎	壽初春大歌舞伎

02・02	02・26	新橋演舞場	茶壺 花の御所始末 勧進帳	目代某 安積行秀 武蔵坊弁慶(3～15日昼、16～26日夜)／富樫左衛門(2～15日夜、16～26日昼)	二月大歌舞伎
04・02	04・26	歌舞伎座	五重塔 梅雨小袖昔八丈　髪結新三	大工十兵衛 弥太五郎源七	陽春四月大歌舞伎
05・01	05・26	歌舞伎座	恋女房染分手綱　道成寺伝授 伽羅先代萩　花水橋	道成寺ワキツレ僧中位坊 絹川谷蔵	團菊祭五月大歌舞伎
05・03	05・26	新橋演舞場	蛍 婦系図	鈴木重一 早瀬主税	新装開場一周年記念、五月新派特別公演、中村吉右衛門・坂東玉三郎特別参加
06・02	06・26	中座	平家女護島　俊寛 椀久末松山 天衣紛上野初花　河内山	俊寛 但馬主膳 河内山宗俊	関西で歌舞伎を育てる会第五回公演、六月花形大歌舞伎
06・30	08・08	地方巡業	お目見得口上 茶壺	 熊鷹太郎	松竹大歌舞伎特別公演
09・01	09・25	歌舞伎座	徳川家康 鬼一法眼三略巻　菊畑	織田信長 奴智恵内	新秋大歌舞伎、秋の歌舞伎祭九月・十月・十一月
10・01	10・26	御園座	素襖落 頼朝の死 鬼一法眼三略巻　菊畑	太郎冠者 源頼家 奴智恵内	御園座創立八十八周年記念、第十九回吉例顔見世
11・01	11・25	歌舞伎座	籠釣瓶花街酔醒 鎌倉三代記 一本刀土俵入	下男治六 佐々木高綱 波一里儀十	十一月吉例顔見世大歌舞伎、秋の歌舞伎祭九月・十月・十一月
11・05	11・28	新橋演舞場	近松物語	手代茂兵衛	十一月新派特別公演、山田五十鈴・中村吉右衛門特別参加、山田九州男三十七回忌追善
12・01	12・25	歌舞伎座	仮名手本忠臣蔵　大序・三段目・	桃井若狭之助【大序・三	十二月花形歌舞伎

				四段目・五段目・七段目	段目】、大星由良之助【四段目】、斧定九郎【五段目】、寺岡平右衛門【七段目】	
昭59 一九八四	01・02	01・26	浅草公会堂	身替座禅 松浦の太鼓	奥方玉の井 松浦鎮信	浅草歌舞伎五周年記念、壽初春花形歌舞伎
	03・03	03・29	帝国劇場	松屋のお琴	杉森平馬のちに近松門左衛門	帝劇三月特別公演
	04・04	04・24	国立劇場小劇場	茲江戸小腕達引　腕の喜三郎	腕の喜三郎	第一二六回四月歌舞伎公演
	05・02	05・27	歌舞伎座	水天宮利生深川 弥栄芝居前 天衣紛上野初花　河内山	車夫三五郎 男伊達播磨屋辰吉 河内山宗俊	團菊祭五月大歌舞伎
	06・03	06・28	新橋演舞場	華岡青洲の妻	華岡青洲	新橋演舞場創立六十周年記念、六月特別公演
	08・07	09・27	地方巡業	お目見得口上 伊賀越道中双六　沼津	呉服屋十兵衛	松竹大歌舞伎特別公演
	10・02	10・26	歌舞伎座	玉藻前雲居晴衣　金毛九尾の妖狐 極付幡随長兵衛	那須八郎宗重、陰陽師安倍泰親 幡随院長兵衛	藝術祭十月大歌舞伎
	11・01	11・25	歌舞伎座	双蝶々曲輪日記　引窓 一條大蔵譚　檜垣・奥殿	南与兵衛後に南方十次兵衛 吉岡鬼次郎	吉例顔見世大歌舞伎
	11・27		国立劇場大劇場	老松	（立方）	第一回松鸚會、第一回松本流舞踊研修會
	11・30	12・25	南座	元禄忠臣蔵　大石最後の一日 松浦の太鼓	大石内蔵助 大高源吾	松竹創業九十周年記念、京の年中行事、当る丑歳、吉例顔見世興行、東西合同大歌舞伎
昭60 一九八五	01・02	01・26	歌舞伎座	菅原伝授手習鑑　車引 奥州安達原　環宮明御殿	松王丸 安倍貞任	壽初春大歌舞伎
	03・02	03・28	新橋演舞場	「人生劇場」より　今ひとたびの修羅	飛車角	三月特別公演

04・01	04・26	歌舞伎座	寿曽我対面 十二代目市川團十郎襲名披露口上 助六由縁江戸桜	鬼王新左衛門 朝顔仙平	松竹創業九十周年記念、十二代目市川團十郎襲名披露、四月大歌舞伎
05・03	05・27	歌舞伎座	一谷嫩軍記　熊谷陣屋 暫 菅原伝授手習鑑　寺子屋 十二代目市川團十郎・七代目市川新之助襲名披露口上	熊谷直実 東金太郎義成 武部源蔵	十二代市川團十郎襲名・七代市川新之助初舞台、五月大歌舞伎
06・01	06・25	中座	頼朝の死 伊賀越道中双六　沼津 遇曽我中村より　再桜遇清水　桜にまよふ破戒清玄	源頼家 呉服屋十兵衛 清水法師清玄、奴浪平	六月中座大歌舞伎 松貫四の名で劇作を担当
06・27	06・29	金丸座	遇曽我中村より　再桜遇清水　桜にまよふ破戒清玄	清水法師清玄、奴浪平	旧金毘羅大芝居重文指定十五周年記念、四国こんぴら歌舞伎大芝居／松貫四の名で劇作を担当
07・06	07・20	地方巡業	俄獅子　お祭り・お目見得口上 お目見得口上 傾城反魂香	世話役 浮世又平	松竹大歌舞伎特別公演
07・23	07・31	地方巡業	傾城反魂香	浮世又平	昭和六十年度文化庁青少年芸術劇場歌舞伎
09・01	09・25	歌舞伎座	明治維新　暁天の星　五稜郭共和国 桐一葉 平家女護島　俊寛	勝麟太郎 片桐且元 俊寛	松竹創業九十周年記念、中村会九月大歌舞伎
10・03	10・27	新橋演舞場	風流深川唄 水谷八重子七回忌追善口上 滝の白糸	長蔵 村越欣弥	松竹創業九十周年記念、水谷八重子七回忌追善十月新派特別公演、中村吉右衛門・坂東玉三郎特別参加
11・01	11・25	歌舞伎座	義朝八騎落ち	源義朝	吉例顔見世大歌舞伎
12・01	12・25	歌舞伎座	天衣紛上野初花　河内山と直侍	河内山宗俊	十二月大歌舞伎

昭61 一九八六	02・24	02・25	紀南文化劇場	勧進帳	武蔵坊弁慶	紀南文化劇場旗揚げ公演アンコールステージ
	04・01	04・25	歌舞伎座	桑名屋徳蔵入船物語	和田右衛門実は桑名屋徳蔵、梅園中納言実は相模五郎	陽春四月大歌舞伎／松貫四の名で改訂を担当
	04・09	12・03	NHK	武蔵坊弁慶（全三十四回）［TV］	武蔵坊弁慶	新大型時代劇
	04・27	04・29	金丸座	極付幡随長兵衛 闇梅百物語	幡随院長兵衛 座敷わらし実は読売辰吉	第二回四国こんぴら歌舞伎大芝居
	06・03	06・24	国立劇場大劇場	義経千本桜　河連法眼館	佐藤忠信、源九郎狐	第二十八回歌舞伎鑑賞教室
	09・02	09・26	歌舞伎座	籠釣瓶花街酔醒 彦山権現誓助剱　毛谷村	佐野次郎左衛門 毛谷村六助	九月大歌舞伎／初代中村吉右衛門三十三回忌追善
	11・30	12・25	南座	勧進帳 土屋主税	武蔵坊弁慶 大高源吾	京の年中行事、当る卯年、吉例顔見世興行、東西合同大歌舞伎
昭62 一九八七	01・03	01・27	日生劇場	おさん茂兵衛	手代茂兵衛	松竹現代劇一月公演
	04・03	04・26	歌舞伎座	元禄忠臣蔵　最後の大評定・南部坂雪の別れ・仙石屋敷・大石最後の一日	大石内蔵助	陽春四月大歌舞伎
	05・03	05・27	歌舞伎座	時今也桔梗旗揚 安政奇聞佃夜嵐	四王天但馬守 囚人神谷玄蔵	團菊祭五月大歌舞伎、九代目市川團蔵襲名披露
	06・04	06・28	新橋演舞場	つきじ川 歌行燈 明治一代女	初世中村吉右衛門 恩地喜多八 箱屋巳之吉	新派百年記念六月特別公演、山田五十鈴・中村吉右衛門特別参加／川口松太郎三回忌追悼、劇中・新派百年口上
	08・18	09・27	地方巡業	極付幡随長兵衛 お目見得口上	幡随院長兵衛	昭和六十二年度全国公文協主催松竹大歌舞伎公演
	10・02	10・26	御園座	釣女 伽羅先代萩　床下 勧進帳	大名 仁木弾正 武蔵坊弁慶	第二十三回吉例顔見世、九代目坂東三津五郎・五代目坂東秀調襲名
	11・01	11・25	歌舞伎座	屋上の狂人 楼門五三桐	狂人勝島義太郎 捕手（23日のみ）	吉例顔見世大歌舞伎

				蔦紅葉宇都谷峠	伊丹屋十兵衛	
昭63 一九八八	01・02	01・27	歌舞伎座	勧進帳	武蔵坊弁慶	歌舞伎座百年、壽初春大歌舞伎
				助六由縁江戸桜	くわんぺら門兵衛	
	02・02	02・26	歌舞伎座	菅原伝授手習鑑　寺子屋	武部源蔵	歌舞伎座百年、二月大歌舞伎
	03・02	03・27	歌舞伎座	仮名手本忠臣蔵　大序・三段目・七段目・十一段目	高師直【大序・三段目】、大星由良之助【七段目・十一段目】	歌舞伎座百年、三月大歌舞伎
	04・01	04・25	歌舞伎座	仮名手本忠臣蔵　大序・三段目・七段目	桃井若狭之助【大序・三段目】、寺岡平右衛門【七段目】	歌舞伎座百年、四月大歌舞伎
	05・03	05・27	歌舞伎座	妹背山婦女庭訓　花渡し・吉野川	大判事清澄（15～27日）	歌舞伎座百年、五月大歌舞伎
				青砥稿花紅彩画　白浪五人男	南郷力丸	
	07・04	07・25	国立劇場大劇場	毛抜	粂寺弾正	第三十三回歌舞伎鑑賞教室
	09・01	09・25	歌舞伎座	一谷嫩軍記　熊谷陣屋	熊谷直実	歌舞伎座百年、九月大歌舞伎、初代松本白鸚七回忌追善
				籠釣瓶花街酔醒	立花屋長兵衛	
				井伊大老	井伊直弼	
				初代松本白鸚七回忌追善口上		
	09・27		歌舞伎座	かさね	与右衛門	七代目坂東三津五郎二十七回忌・八代目坂東三津五郎十三回忌追善舞踊会
	09・28		国立劇場大劇場	山姥	斧蔵実は三田の仕	第四回中村芝翫羽衣会
	10・01	10・25	歌舞伎座	近江源氏先陣館　盛綱陣屋	和田兵衛秀盛	歌舞伎座百年、藝術祭十月歌舞伎
				ひとり狼	追分の伊三蔵	
	11・01	11・25	歌舞伎座	天保遊俠録　勝安房の父	勝小吉	歌舞伎座百年、十一月顔見世大歌舞伎
				曽我の対面	小林朝比奈	
				京鹿子娘二人道成寺	所化知念坊	
	12・02	12・26	国立劇場大劇場	伽羅先代萩　床下・対決・刃傷	仁木弾正	第一五一回十二月歌舞伎公演
昭64	01・02	01・02	テレビ東京	大忠臣蔵［TV］	甲府宰相綱豊	
平元	01・02	01・26	歌舞伎座	松浦の太鼓	松浦鎮信	歌舞伎座百壱年、初春大歌舞伎
一九八九	03・03	03・27	歌舞伎座	人情噺文七元結	左官長兵衛	三月大歌舞伎

04・02	04・26	歌舞伎座	春日局　駿河大納言始末 菅原伝授手習鑑　寺子屋 義経千本桜　吉野山 一本刀土俵入	徳川家光 武部源蔵 逸見藤太 駒形茂兵衛	四月大歌舞伎、十七世中村勘三郎一周忌追善
04・15		三越劇場	薫風曲額田王　清海波	（立方）	三越劇場特別公演
07・12	（一九九〇）02・21	フジテレビ	鬼平犯科帳　第一シリーズ（全二十六回）［TV］	長谷川平蔵	
09・15			利休［映画］	徳川家康	製作：勅使河原プロ・松竹映像・伊藤忠商事・博報堂、配給：松竹
09・30		御園座	勧進帳	富樫左衛門	名古屋市制百周年、顔見世二十五回目公演前夜祭
10・01	10・25	御園座	松浦の太鼓 勧進帳	松浦鎮信 富樫左衛門	名古屋市制百周年記念、世界デザイン博覧会協賛、第二十五回吉例顔見世
11・05	11・27	国立劇場大劇場	霊験亀山鉾　亀山の仇討	藤田水右衛門、藤田卜庵	第一五六回十一月歌舞伎公演
11・30	12・25	南座	将軍江戸を去る 摂州合邦辻　合邦庵室	徳川慶喜 奴入平	京の年中行事、当る午歳、吉例顔見世興行、東西合同大歌舞伎
平02 一九九〇					
01・02	01・26	歌舞伎座	弁天娘女男白浪　浜松屋 一條大蔵譚　檜垣・奥殿	鳶頭清次 一條大蔵卿	壽初春大歌舞伎
02・01	02・25	歌舞伎座	菅原伝授手習鑑　車引 鬼平犯科帳　狐火 三人吉三巴白浪	梅王丸 長谷川平蔵 お坊吉三	二月大歌舞伎
04・01	04・25	歌舞伎座	双蝶々曲輪日記　引窓 女暫 五世中村歌右衛門五十年祭追善口上 籠釣瓶花街酔醒	濡髪長五郎 舞台番辰次 佐野次郎左衛門	五世中村歌右衛門五十年祭、四月大歌舞伎／吉右衛門劇団復活結成記念（記載のみ）
06・04	07・14	海外公演	身替座禅 鳴神 勧進帳（ロサンゼルスのみ）	奥方玉の井 鳴神上人 武蔵坊弁慶	訪米歌舞伎公演／コロンバスマーション劇場、サンアントニオライラコックリル劇場、アトランタフォックス劇場、インディアナポリ

						スクルーズホール、アイオワシティーハンチャー劇場、リンカーンリードセンター、ミネアポリスノースロップ劇場、コスタメサオレンジカウンティーパフォーミングアーツセンター、ロサンゼルス日米劇場（十周年記念上演『勧進帳』）、バークレーゼラバック劇場、ポートランド市公会堂、シアトルオペラハウス〈計二十六回公演〉
	10・03	(一九九二)03・27	フジテレビ	鬼平犯科帳 第二シリーズ（全二十一回）[TV]	長谷川平蔵	
	11・01	11・25	歌舞伎座	一谷嫩軍記 陣門・組打 三代目中村鴈治郎襲名披露口上	熊谷直実	三代目中村鴈治郎襲名披露、吉例顔見世大歌舞伎
	12・02	12・26	国立劇場大劇場	一谷嫩軍記 熊谷陣屋	熊谷直実	第一六三回十二月歌舞伎公演
平03 一九九一	01・02	01・26	歌舞伎座	勧進帳 雪暮夜入谷畦道 仮名手本忠臣蔵 道行旅路の嫁入	富樫左衛門 片岡直次郎 奴運平	壽初春大歌舞伎
	02・01	02・25	新橋演舞場	鬼平犯科帳 本所・桜屋敷	長谷川平蔵	二月特別公演
	04・01	04・25	歌舞伎座	隅田川続俤 法界坊	法界坊、法界坊の霊、野分姫の霊	中村会四月大歌舞伎
	08・10	08・11	国立劇場大劇場	妹背山婦女庭訓 吉野川 春日龍神	大判事清澄 範海法師	第四回矢車会
	09・01	09・25	歌舞伎座	色彩間苅豆 かさね 傾城反魂香 極付幡随長兵衛	与右衛門 浮世又平 幡随院長兵衛	九月大歌舞伎
	10・02	10・26	歌舞伎座	菅原伝授手習鑑 寺子屋 天衣紛上野初花 河内山	武部源蔵 河内山宗俊	藝術祭十月大歌舞伎
	11・01	11・25	歌舞伎座	素襖落 平家女護島 俊寛	太郎冠者 俊寛	吉例顔見世大歌舞伎

	11・20	(一九九二)05・13	フジテレビ	鬼平犯科帳 第三シリーズ（全十九回）[TV]	長谷川平蔵	
	11・30	12・24	南座	一谷嫩軍記 熊谷陣屋 新装開場披露、三代目中村鴈治郎襲名披露口上 仮名手本忠臣蔵 七段目	源義経 大星由良之助	南座新装開場記念、当る申歳、吉例顔見世興行、京の年中行事、東西合同大歌舞伎、三代目中村鴈治郎襲名披露
	12・13		フジテレビ	忠臣蔵 風の巻・雲の巻[TV]	服部市郎右衛門	
平04 一九九二	01・02	01・26	歌舞伎座	梶原平三誉石切 頼朝の死 将軍頼家	梶原平三 畠山重保	壽初春大歌舞伎
	01・28		イイノホール	五条橋	武蔵坊弁慶	中村富十郎初春素踊りの会
	02・01	02・25	新橋演舞場	鬼平犯科帳 五年目の客	長谷川平蔵	二月特別公演
	02・27		NHKホール	勧進帳	武蔵坊弁慶	第十八回NHK古典芸能鑑賞会
	04・01	04・25	歌舞伎座	双蝶々曲輪日記 角力場 祇園祭礼信仰記 金閣寺 絵本太功記 尼ヶ崎 四代目中村梅玉・九代目中村福助襲名披露口上 伊勢音頭恋寝刃 油屋・奥庭	濡髪長五郎 十河軍平実は佐藤正清 武智光秀 料理人喜助	四代目中村梅玉・九代目中村福助襲名披露、四月大歌舞伎
	05・01	05・25	南座	祇園祭礼信仰記 金閣寺 四代目中村梅玉・九代目中村福助襲名披露口上 籠釣瓶花街酔醒	松永大膳 佐野次郎左衛門	新装開場記念、中村会、五月大歌舞伎、四代目中村梅玉・九代目中村福助襲名披露
	09・19	09・23	大阪中之島フェスティバルホール	色彩間苅豆 かさね	与右衛門	坂東玉三郎特別舞踊公演／特別出演
	09・27		国立劇場大劇場	老松	（立方）	第二回松鸚會、第二回松本流舞踊研修會
	10・01	10・25	御園座	元禄忠臣蔵 御浜御殿 彦山権現誓助剱 毛谷村 四代目中村梅玉・九代目中村福助	富森助右衛門 毛谷村六助	東西合同大歌舞伎、四代目中村梅玉・九代目中村福助襲名披露、第二十八回吉例顔見世

	11・01	11・25	歌舞伎座	襲名披露口上 伊勢音頭恋寝刃　油屋・奥庭 新薄雪物語 仮名手本忠臣蔵　七段目	 油屋お鹿 葛城民部 大星由良之助	吉例顔見世大歌舞伎
	12・02	（一九九三）05・12	フジテレビ	鬼平犯科帳　第四シリーズ（全十九回）［TV］	長谷川平蔵	
	12・03	12・26	国立劇場大劇場	忠度 四十七刻忠箭計　南部坂雪の別れ	西行法師 大星由良之助	第一七六回十二月歌舞伎公演
	12・18		豊島公会堂	道行旅路の花聟　落人	早野勘平	豊島区制施行六十周年、豊島公会堂四十年、としま歌舞伎
平05 一九九三	01・02	01・26	歌舞伎座	鳴神	鳴神上人	壽初春大歌舞伎
	02・02	02・26	新橋演舞場	鬼平犯科帳　むかしの女	長谷川平蔵	二月特別公演
	02・27		明治座	寿式三番叟	翁	明治座開場式
	03・02	03・26	明治座	勧進帳 新装開場披露口上 籠釣瓶花街酔醒	富樫左衛門 佐野次郎左衛門	明治座新築完成記念　葺落公演、三月大歌舞伎
	04・02	04・26	歌舞伎座	元禄忠臣蔵　大石最後の一日 六歌仙容彩　業平 近江源氏先陣館　盛綱陣屋	大石内蔵助 在原業平 佐々木盛綱	中村会四月大歌舞伎
	05・02	05・26	中座	勧進帳 絵本太功記　尼ヶ崎 四代目梅玉・九代目福助襲名披露口上	武蔵坊弁慶 武智光秀	五月大歌舞伎、四代目中村梅玉・九代目中村福助襲名披露
	08・27		秋田県民会館	勧進帳	富樫左衛門	秋田放送開局四十周年記念歌舞伎舞踊公演
	09・01	09・25	歌舞伎座	室町御所 夏祭浪花鑑	池田丹後将武 団七九郎兵衛	九月大歌舞伎
	11・30	12・26	南座	将軍頼家 松浦の太鼓	畠山重保 松浦鎮信	平安遷都一二〇〇年記念、当る戌歳、吉例顔見世興行、京の年中行事、東西合同大歌舞伎

平06 一九九四	01・02	01・26	歌舞伎座	一條大蔵譚　檜垣・奥殿	一條大蔵卿	猿若祭新春大歌舞伎
				弥栄芝居賑　猿若座芝居前	男伊達播磨屋辰吉	十七代目中村勘三郎七回忌追善
	02・02	02・26	新橋演舞場	鬼平犯科帳　炎の色	長谷川平蔵	二月特別公演
	03・09	07・13	フジテレビ	鬼平犯科帳　第五シリーズ（全十三回）［TV］	長谷川平蔵	
	04・02	04・26	歌舞伎座	勧進帳	富樫左衛門	初代松本白鸚十三回忌追善、四月大歌舞伎
				初代松本白鸚十三回忌追善口上		
	05・09	05・10	国立劇場大劇場	井伊大老	井伊直弼	
				吉野山	忠信実は源九郎狐（素踊り）	第六回矢車会、中村富十郎舞台生活五十周年記念
				色彩間苅豆　かさね	与右衛門	
	05・28		南座	色彩間苅豆　かさね	与右衛門	中村富十郎舞台生活五十周年記念、第六回矢車会
	06・03	06・26	南座	鬼平犯科帳　むかしの女	長谷川平蔵	六月特別公演
	07・01	07・25	地方巡業	素襖落	太郎冠者	松竹名作歌舞伎舞踊
	09・02	09・26	歌舞伎座	加賀見山旧錦絵	局岩藤	中村会九月大歌舞伎
				双蝶々曲輪日記　引窓	南与兵衛後に南方十次兵衛	二代目中村吉之丞襲名披露
	10・01	10・25	御園座	色彩間苅豆　かさね	与右衛門	
				勧進帳	富樫左衛門	第三十回吉例顔見世、初代松本白鸚十三回忌追善
				籠釣瓶花街酔醒	佐野次郎左衛門	二代目中村吉之丞襲名披露
	11・04	11・26	国立劇場大劇場	博多小女郎浪枕	毛剃九右衛門	第一八九回十一月歌舞伎公演
	12・01	12・26	南座	御所桜堀川夜討　弁慶上使	武蔵坊弁慶	松竹百年記念、当る亥歳、吉例顔見世興行、京の年中行事、東西合同大歌舞伎／二代目中村吉之丞襲名披露
				一條大蔵譚　檜垣・奥殿	一條大蔵卿	
平07 一九九五	01・02	01・27	歌舞伎座	勧進帳	武蔵坊弁慶	松竹百年記念、壽初春大歌舞伎
	01・02	01・26	新橋演舞場	婦系図の内　湯島境内	早瀬主税	松竹百年記念、初春新派特別公演
	02・01	02・25	歌舞伎座	仮名手本忠臣蔵　四段目・五段目	大星由良之助【四段目】、斧定九郎【五段目】	松竹百年記念、二月大歌舞伎

03・03	03・27	新橋演舞場	鬼平犯科帳　血闘	長谷川平蔵	松竹百年記念、三月特別公演
04・01	04・25	歌舞伎座	妹背山婦女庭訓　花渡し・吉野川 中村翫雀・中村扇雀襲名披露口上	大判事清澄	松竹百年記念、五代目中村翫雀・三代目中村扇雀襲名披露、中村壱太郎初舞台、中村会四月大歌舞伎
04・27		大阪中之島フェスティバルホール	六歌仙容彩　文屋	文屋康秀	フェスティバル歌舞伎舞踊
06・04	06・27	南座	鬼平犯科帳　血闘	長谷川平蔵	松竹百年記念、六月特別公演
07・19	11・01	フジテレビ	鬼平犯科帳　第六シリーズ（全十一回）［TV］	長谷川平蔵	
07・29		歌舞伎座	茨木	渡辺源次綱	第七回矢車会
09・01	09・25	歌舞伎座	与話情浮名横櫛 源平布引滝　実盛物語	和泉屋多左衛門 斎藤実盛	松竹百年記念、十一代目市川團十郎三十年祭、九月大歌舞伎
10・05	10・28	国立劇場大劇場	平家女護嶋　清盛館・鬼界ヶ嶋・敷名の浦・海上	平清盛【清盛館・敷名の浦・海上】、俊寛【鬼界ヶ嶋】	第一九四回十月歌舞伎公演
11・01	11・25	南座	身替座禅 極付幡随長兵衛	奥方玉の井 幡随院長兵衛	松竹百年記念、当る子歳、吉例顔見世興行、京の年中行事、東西合同大歌舞伎、五代目中村翫雀・三代目中村扇雀襲名披露、中村壱太郎初舞台
11・18			鬼平犯科帳［映画］	長谷川平蔵	製作：松竹・フジテレビジョン、配給：松竹
11・26		歌舞伎座	雨の五郎	（立方）	芳村五郎治三回忌、追善演奏会
12・01	12・25	歌舞伎座	将軍江戸を去る 伊賀越道中双六　沼津 雪暮夜入谷畦道	高橋伊勢守 呉服屋十兵衛 片岡直次郎	松竹百年記念、十二月大歌舞伎
12・23			『歌舞伎役者片岡仁左衛門　登仙の巻』［映画］		製作：自由工房、配給：ＢＯＸ東中野

年	開始	終了	劇場	演目	役	公演
平08 一九九六	01・02	01・26	歌舞伎座	松浦の太鼓	松浦鎮信	壽初春大歌舞伎
	02・06	02・21	海外公演	平家女護島　俊寛	丹左衛門	訪イタリア歌舞伎公演／ナポリサンカルロ歌劇場、ジェノバカルロ・フェニーチェ劇場、ローマテアトロ・デル・オペラ（オペラ座）、ミラノテアトロ・リリコ〈計十四回公演〉
	04・01	04・25	歌舞伎座	天衣紛上野初花　河内山 井伊大老	河内山宗俊 井伊直弼	中村会四月大歌舞伎
	05・17	05・21	地方巡業	小猿七之助御守殿お滝　夕立	小猿七之助	歌舞伎舞踊特別公演
	06・02	06・25	御園座	風流深川唄 日本橋絵巻 二代目水谷八重子襲名披露口上	長蔵 葛木晋三	御園座開場百年、二代目水谷八重子襲名披露、六月新派特別公演、中村吉右衛門・中村歌昇特別参加
	06・29	07・19	地方巡業	五条坂　景清	景清	松竹歌舞伎舞踊公演
	07・28		歌舞伎座	橋弁慶 六歌仙容彩　文屋	武蔵坊弁慶 文屋康秀	第八回矢車会
	09・05	09・22	海外公演	釣女 平家女護島　俊寛	醜女 俊寛	訪米歌舞伎公演／ダラスマジェスティック劇場、ヒューストンジョーンズホール劇場、バークレーゼラーバッハ・オディトリアム劇場、ロサンゼルスウィルターン劇場〈計十五回公演〉
	10・18	10・19	海外公演	鳴神	鳴神上人	訪香港歌舞伎公演／香港ホンコンカルチャーセンター（文化中心大劇院）〈計三回公演〉、第十六回アジア文化芸術節オープニング
	10・27		大阪中之島フェスティバルホール	身替座禅	山蔭右京	大阪国際フェスティバル協会・特別公演、フェスティバル歌舞伎舞踊
	11・01	11・25	歌舞伎座	平家女護島　俊寛 沓手鳥孤城落月	俊寛 大野治長	吉例顔見世大歌舞伎

	12・03	12・26	国立劇場大劇場	妹背山婦女庭訓　御殿・奥庭	鱶七実は金輪五郎	第二〇一回十二月歌舞伎公演
平09 一九九七	01・02	01・26	歌舞伎座	彦山権現誓助剱　毛谷村 青海波	毛谷村六助 大臣	壽初春大歌舞伎
	03・02	03・27	大阪松竹座	義経千本桜　吉野山 一谷嫩軍記　熊谷陣屋	忠信実は源九郎狐 熊谷直実	松竹座新築開場記念　葺落公演、三月大歌舞伎
	04・01	04・25	歌舞伎座	一本刀土俵入 傾城反魂香 松竹梅湯島掛額	駒形茂兵衛 浮世又平 紅屋長兵衛	中村会四月大歌舞伎
	04・16	07・16	フジテレビ	鬼平犯科帳　第七シリーズ（全十五回）[ＴＶ]	長谷川平蔵	
	06・29	07・27	地方巡業	身替座禅	山蔭右京	松竹大歌舞伎
	09・01	09・25	歌舞伎座	義経千本桜　すし屋 隅田川続俤　法界坊	梶原平三 法界坊、法界坊の霊、野分姫の霊	九月大歌舞伎
	10・01	10・25	御園座	仮名手本忠臣蔵　七段目 勧進帳	寺岡平右衛門 武蔵坊弁慶	第三十三回吉例顔見世
	11・01	11・25	歌舞伎座	花街模様薊色縫　十六夜清心 勧進帳	俳諧師白蓮 武蔵坊弁慶	吉例顔見世大歌舞伎、七代目坂東三津五郎三十七回忌・八代目坂東三津五郎二十三回忌追善
	11・30	12・26	南座	嫗山姥 平家女護島　俊寛	煙草屋源七実は坂田蔵人 俊寛	京の年中行事、当る寅歳、吉例顔見世興行、東西合同大歌舞伎
平10 一九九八	01・02	01・26	歌舞伎座	十五代目片岡仁左衛門襲名披露口上 菅原伝授手習鑑　寺子屋	武部源蔵	十五代目片岡仁左衛門襲名披露、壽初春大歌舞伎
	02・01	02・24	御園座	双蝶々曲輪日記　引窓 天衣紛上野初花　河内山 乗合船恵方萬歳	南与兵衛後に南方十次兵衛 河内山宗俊 才造亀吉	新春大歌舞伎
	04・02	04・26	歌舞伎座	須磨の写絵 西郷と豚姫 一條大蔵譚　奥殿 釣女	漁師此兵衛 西郷吉之助 一條大蔵卿 醜女	中村会四月大歌舞伎

年	初日	千秋楽	劇場	演目	役	公演
	04・15	06・10	フジテレビ	鬼平犯科帳　第八シリーズ（全九回）［TV］	長谷川平蔵	
	05・07	05・09	厳島神社特設会場	昇龍哀別瀬戸内　藤戸	老女藤波、藤戸悪龍	宮島歌舞伎、厳島神社中村吉右衛門奉納公演／松貫四の名で構成を担当
	06・01	06・25	南座	鬼平犯科帳　本所・桜屋敷	長谷川平蔵	六月特別公演
	06・29	07・26	地方巡業	鬼平犯科帳　本所・桜屋敷	長谷川平蔵	平成十年松竹特別公演
	09・02	09・26	歌舞伎座	二條城の清正	加藤清正	九月大歌舞伎
				身替りお俊	関取白藤源太	
	10・03	10・26	国立劇場大劇場	佐倉義民伝　東山桜荘子　序幕～四幕目・五幕目・六幕目・大詰	木内宗吾【序幕～四幕目】、仏光寺住職光然【五幕目】、堀田上野介【六幕目】、百姓利右衛門【大詰】	第二〇九回十月歌舞伎公演
	11・03	11・27	大阪松竹座	花桐いろは	太夫元戸田屋由兵衛	十一月大歌舞伎／三代目中村梅玉五十年祭追善
				一本刀土俵入	駒形茂兵衛	
				一條大蔵譚　檜垣・奥殿	一條大蔵卿	
				松竹梅湯島掛額	紅屋長兵衛	
平11 一九九九	01・02	01・26	歌舞伎座	梶原平三誉石切	梶原平三	壽初春大歌舞伎
				身替座禅	奥方玉の井	
				天衣紛上野初花　河内山	河内山宗俊	
	02・01	02・25	歌舞伎座	近江源氏先陣館　盛綱陣屋	佐々木盛綱	二月大歌舞伎
	03・03	03・27	新橋演舞場	鬼平犯科帳　血頭の丹兵衛	長谷川平蔵	三月特別公演
	04・02	04・26	歌舞伎座	色彩間苅豆　かさね	与右衛門	中村会四月大歌舞伎
				菅原伝授手習鑑　寺子屋	松王丸	
	05・02	05・25	御園座	鬼平犯科帳　むかしの男	長谷川平蔵	五月特別公演
	05・29	06・27	地方巡業	鬼平犯科帳　むかしの男	長谷川平蔵	平成十一年度松竹特別公演
	09・02	09・26	歌舞伎座	名月八幡祭	縮屋新助	九月大歌舞伎
				増補双級巴　石川五右衛門［中村吉右衛門宙乗りにてつづら抜け相	石川五右衛門	

				勤め申し候」 盲長屋梅加賀鳶	加賀鳶日蔭町松蔵	
	10・05	10・11	金丸座	身替座禅	山蔭右京	四国こんぴら歌舞伎大芝居、十五周年記念、歌舞伎舞踊公演
	10・22	10・23	姫路城三の丸広場	巴御前 白鷺城異聞	巴御前、木曽義仲の亡霊 宮本武蔵	松貫四の名で劇作を担当 姫路城創作歌舞伎、中村吉右衛門特別公演／構成も担当
	11・01	11・25	歌舞伎座	壺坂霊験記	沢市	吉例顔見世大歌舞伎、平成十一年度文化庁芸術祭協賛公演
	11・30	12・26	南座	銘作左小刀　京人形 傾城反魂香	左甚五郎 浮世又平	南座発祥三百八十年記念、当る辰歳、吉例顔見世興行、京の年中行事、東西合同大歌舞伎
平12 二〇〇〇	01・02	01・26	歌舞伎座	松浦の太鼓 双蝶々曲輪日記　角力場	松浦鎮信 濡髪長五郎	二〇〇〇年歌舞伎座壽初春大歌舞伎
	02・02	02・26	歌舞伎座	三人吉三巴白浪 一谷嫩軍記　熊谷陣屋	お坊吉三 熊谷直実	二月大歌舞伎
	04・02	04・26	歌舞伎座	桂川連理柵　帯屋 平家女護島　俊寛 一條大蔵譚　檜垣・奥殿 十七代目中村勘三郎十三回忌追善口上	帯屋長右衛門 丹左衛門 一條大蔵卿	四月大歌舞伎、十七代目中村勘三郎十三回忌追善
	05・01	05・25	大阪松竹座	西郷と豚姫 巴御前 籠釣瓶花街酔醒	西郷吉之助 巴御前、木曽義仲の亡霊 佐野次郎左衛門	五月大歌舞伎 松貫四の名で劇作を担当
	06・02	06・26	博多座	天衣紛上野初花　河内山 平家女護島　俊寛 新皿屋舗月雨暈　魚屋宗五郎	河内山宗俊 俊寛 磯部主計之助	六月博多座大歌舞伎
	09・01	09・25	歌舞伎座	時今也桔梗旗揚 妹背山婦女庭訓　御殿	武智光秀 鱶七実は金輪五郎	九月大歌舞伎、五世中村歌右衛門六十年祭
	10・01	10・25	御園座	色彩間苅豆　かさね	与右衛門	第三十六回吉例顔見世

	11・01	11・25	歌舞伎座	菅原伝授手習鑑　寺子屋 人情噺文七元結 鴛鴦襖恋睦 ひらかな盛衰記　逆櫓	松王丸 鳶頭伊兵衛 股野五郎 松右衛門実は樋口次郎兼光	吉例顔見世大歌舞伎
平13 二〇〇一	01・03	01・27	国立劇場大劇場	奥州安達原　環宮明御殿	安倍貞任、袖萩	第二二三回一月歌舞伎公演
	02・01	02・25	歌舞伎座	傾城反魂香 女暫 十代目坂東三津五郎襲名披露口上	浮世又平 舞台番辰次	十代目坂東三津五郎襲名披露二月大歌舞伎
	04・02	04・26	歌舞伎座	義経千本桜　渡海屋・大物浦 頼朝の死 極付幡随長兵衛	銀平実は平知盛 大江広元 幡随院長兵衛	四月大歌舞伎
	04・17	05・22	フジテレビ	鬼平犯科帳　第九シリーズ（全五回）[ＴＶ]	長谷川平蔵	
	04・28		大阪中之島フェスティバルホール	茨木 釣女	渡辺源次綱 醜女	第四十三回大阪国際フェスティバル二〇〇一、フェスティバル歌舞伎舞踊
	06・04	06・28	新橋演舞場	蜘蛛巣城	鷲津武時	
	09・03	09・27	歌舞伎座	一谷嫩軍記　陣門・組打 米百俵 紅葉狩	熊谷直実 小林虎三郎 山神	九月大歌舞伎
	10・04	10・27	国立劇場大劇場	大願成就天下茶屋聚　天下茶屋の敵討	安達元右衛門	十月歌舞伎公演、国立劇場開場三十五周年記念公演
	11・30	12・26	南座	積恋雪関扉 菅原伝授手習鑑　寺子屋 十代目坂東三津五郎襲名披露口上	義峯少将宗貞 松王丸	当る午歳吉例顔見世興行、東西合同大歌舞伎、十代目坂東三津五郎襲名披露
平14 二〇〇二	01・02	01・26	歌舞伎座	妹背山婦女庭訓　吉野川 人情噺文七元結	大判事清澄 左官長兵衛	壽初春大歌舞伎
	02・03	02・27	歌舞伎座	菅原伝授手習鑑　加茂堤・車引・賀の祝・寺子屋	松王丸	二月大歌舞伎
	04・02	04・26	歌舞伎座	元禄忠臣蔵　南部坂雪の別れ	大石内蔵助	六世中村歌右衛門一年祭、二代目

				六世中村歌右衛門一年祭追善、二代目中村魁春襲名披露口上 本朝廿四孝 十種香	 原小文治	中村魁春襲名披露、四月大歌舞伎
	05・02	05・26	南座	六世中村歌右衛門一年祭追善、二代目中村魁春襲名披露口上 本朝廿四孝 十種香 祇園祭礼信仰記 金閣寺	 長尾謙信 松永大膳	六世中村歌右衛門一年祭、二代目中村魁春襲名披露、五月大歌舞伎
	05・29		NHKホール	平家女護島 俊寛	俊寛	第二十九回NHK古典芸能鑑賞会
	06・02	06・26	歌舞伎座	御所桜堀川夜討 弁慶上使 四代目尾上松緑襲名披露口上	武蔵坊弁慶	四代目尾上松緑襲名披露
	09・01	09・25	歌舞伎座	船弁慶 怪談牡丹燈籠 籠釣瓶花街酔醒	舟長三保太夫 伴蔵、相川幸助 佐野次郎左衛門	九月大歌舞伎
	10・01	10・25	歌舞伎座	仮名手本忠臣蔵 大序・三段目・七段目・十一段目	高師直【大序・三段目】、大星由良之助【七段目・十一段目】	芸術祭十月大歌舞伎
	12・25		PARCO劇場	ラヴ・レターズ	〈朗読劇〉	
平15 二〇〇三	01・02		テレビ東京	忠臣蔵 決断の時 第一部〜第四部[TV]	大石内蔵助	
	01・03	01・27	国立劇場大劇場	双蝶々曲輪日記 角力場・米屋・難波裏殺し・引窓	濡髪長五郎	初春歌舞伎公演
	02・01	02・25	歌舞伎座	義経千本桜 渡海屋・大物浦	銀平実は平知盛	歌舞伎四百年、二月大歌舞伎
	04・01	04・25	歌舞伎座	国性爺合戦 元禄忠臣蔵 大石最後の一日	和藤内 大石内蔵助	歌舞伎四百年、四月大歌舞伎
	06・01	06・25	博多座	仮名手本忠臣蔵 七段目 西郷と豚姫 西郷とお玉 四代目尾上松緑襲名披露口上	大星由良之助 西郷吉之助	歌舞伎四百年、四代目尾上松緑襲名披露、六月博多座大歌舞伎
	07・30	08・06	比叡山延暦寺内阿弥陀堂横野外特設舞台	橋弁慶	武蔵坊弁慶	天台宗開宗千二百年記念、比叡山薪歌舞伎

	09・02	09・26	歌舞伎座	天衣紛上野初花 河内山 平家女護島 俊寛 身替座禅	河内山宗俊 俊寛 奥方玉の井	歌舞伎四百年、九月大歌舞伎／初代中村吉右衛門五十回忌追善
	10・01	10・25	御園座	積恋雪関扉 一條大蔵譚 檜垣・奥殿 二代目中村魁春襲名披露口上	関兵衛実は黒主 一條大蔵卿	歌舞伎四百年、第三十九回吉例顔見世、二代目中村魁春襲名披露
	11・01	11・25	歌舞伎座	船弁慶 近江源氏先陣館 盛綱陣屋	武蔵坊弁慶 佐々木盛綱	歌舞伎四百年、吉例顔見世大歌舞伎
平16 二〇〇四	01・02	01・26	大阪松竹座	土蜘 鬼一法眼三略巻 菊畑	僧智籌実は土蜘の精 奴智恵内	壽初春大歌舞伎
	02・01	02・25	歌舞伎座	寿靭猿 彦山権現誓助劔 毛谷村	女大名三芳野 毛谷村六助	二月大歌舞伎
	04・03	04・18	金丸座	遇曽我中村より 再桜遇清水 桜にまよふ破戒清玄	清水法師清玄	第二十回記念四国こんぴら歌舞伎大芝居、二代目中村魁春襲名披露／松貫四の名で劇作を担当
	06・01	06・26	歌舞伎座	こんぴら歌舞伎第二十回記念・二代目中村魁春襲名披露口上 十一代目市川海老蔵襲名披露口上 傾城反魂香 助六由縁江戸桜	浮世又平 くわんぺら門兵衛	十一代目市川海老蔵襲名披露、六月大歌舞伎
	06・30	07・31	地方巡業	双蝶々曲輪日記 引窓 二代目中村魁春襲名披露口上	南与兵衛後に南方十次兵衛	公文協東コース、松竹大歌舞伎、二代目中村魁春襲名披露
	08・28	09・25	地方巡業	双蝶々曲輪日記 引窓 二代目中村魁春襲名披露口上	南与兵衛後に南方十次兵衛	公文協西コース、松竹大歌舞伎、二代目中村魁春襲名披露
	11・01	11・25	歌舞伎座	積恋雪関扉 鬼一法眼三略巻 菊畑	関兵衛実は黒主 奴智恵内	吉例顔見世大歌舞伎
平17 二〇〇五	01・02	01・26	歌舞伎座	梶原平三誉石切 土蜘	梶原平三 僧智籌実は土蜘の精	松竹百十周年記念、壽初春大歌舞伎

	02・01	02・25	歌舞伎座	義経腰越状　五斗三番叟	五斗兵衛	二月大歌舞伎
	04・02	04・17	金丸座	身替座禅 嬢景清八嶋日記　日向嶋景清 釣女	山蔭右京 景清 醜女	第二十一回四国こんぴら歌舞伎大芝居 松貫四の名で劇作を担当
	05・29		NHKホール	船弁慶	武蔵坊弁慶	第三十二回NHK古典芸能鑑賞会
	06・02	06・26	歌舞伎座	素襖落 盟三五大切	太郎冠者 源五兵衛実は不破数右衛門	六月大歌舞伎
	06・30	07・31	地方巡業	義経千本桜　吉野山 二代目中村魁春襲名披露口上	忠信実は源九郎狐	公文協中央コース、松竹大歌舞伎、二代目中村魁春襲名披露
	09・02	09・26	歌舞伎座	弥次郎兵衛喜多八　東海道中膝栗毛 勧進帳	喜多八 武蔵坊弁慶	九月大歌舞伎
	11・01	11・25	歌舞伎座	雨の五郎 嬢景清八嶋日記　日向嶋景清 鞍馬山誉鷹	曽我五郎 景清 蓮忍阿闍梨	吉例顔見世大歌舞伎 松貫四の名で劇作を担当 中村大改め中村鷹之資襲名披露
	11・30	12・26	南座	義経腰越状　五斗三番叟 坂田藤十郎襲名披露口上 本朝廿四孝　十種香	五斗兵衛 長尾謙信	当る戊歳吉例顔見世興行、東西合同大歌舞伎、坂田藤十郎襲名披露、京の年中行事、松竹百十周年記念
平18 二〇〇六	01・02	01・26	歌舞伎座	奥州安達原　環宮明御殿 坂田藤十郎襲名披露口上 伽羅先代萩　床下	安倍貞任 荒獅子男之助	坂田藤十郎襲名披露、壽初春大歌舞伎
	02・02	02・26	歌舞伎座	極付幡随長兵衛 人情噺小判一両	幡随院長兵衛 浅尾申三郎	二月大歌舞伎
	04・01	04・25	歌舞伎座	関八州繋馬　小蝶蜘 井伊大老 六代目中村松江襲名披露・五代目中村玉太郎初舞台・六世中村歌右衛門五年祭追善口上	里の男藤内 井伊直弼	六世中村歌右衛門五年祭、四月大歌舞伎、六代目中村松江襲名披露、五代目中村玉太郎初舞台
	05・01	05・25	新橋演舞場	夏祭浪花鑑 増補双級巴　石川五右衛門［中村	団七九郎兵衛 石川五右衛門	新橋演舞場五月大歌舞伎

				吉右衛門宙乗りにてつづら抜け相勤め申し候」		
	06・02	06・26	歌舞伎座	松竹梅湯島掛額 昇龍哀別瀬戸内　藤戸	紅屋長兵衛 老母藤波、藤戸の悪龍	六月大歌舞伎／松貫四の名で構成を担当
	09・02	09・26	歌舞伎座	双蝶々曲輪日記　引窓 菅原伝授手習鑑　寺子屋	南与兵衛後に南方十次兵衛 武部源蔵	秀山祭九月大歌舞伎、初代中村吉右衛門生誕百二十年
	10・01		国立劇場大劇場	籠釣瓶花街酔醒 勧進帳	佐野次郎左衛門 武蔵坊弁慶	国立劇場開場四十周年記念、「弁慶二態　能と歌舞伎による」／二〇〇五年ユネスコによる「世界無形遺産」宣言
	10・04	10・27	国立劇場大劇場	元禄忠臣蔵　江戸城の刃傷・最後の大評定	大石内蔵助	国立劇場十月歌舞伎公演、国立劇場開場四十周年記念
	11・06	11・24	地方巡業（中国地方）	第一部：歌舞伎の世界で遊ぼう	〈おはなし（構成・演出・出演）〉	平成十八年度文化庁、本物の舞台芸術体験事業
平19 二〇〇七						
	01・02	01・26	歌舞伎座	平家女護島　俊寛 祇園祭礼信仰記　金閣寺	俊寛 此下東吉実は真柴久吉	壽初春大歌舞伎
	02・01	02・25	歌舞伎座	仮名手本忠臣蔵　大序・三段目・七段目・十一段目	大星由良之助【七段目・十一段目】、桃井若狭之助【大序・三段目】	二月大歌舞伎
	04・02	04・26	歌舞伎座	鬼一法眼三略巻　菊畑 二代目中村錦之助襲名披露口上	奴智恵内	四月大歌舞伎、二代目中村錦之助襲名披露／劇中襲名口上
	05・01	05・25	新橋演舞場	鬼平犯科帳　大川の隠居 釣女 妹背山婦女庭訓　御殿 隅田川続俤　法界坊	長谷川平蔵 醜女 鱶七実は金輪五郎 法界坊	新橋演舞場五月大歌舞伎
	06・02	06・26	歌舞伎座	閻魔と政頼 俠客春雨傘 盲長屋梅加賀鳶	鷹匠政頼 播磨屋吉右衛門 加賀鳶日蔭町松蔵	六月大歌舞伎／松貫四の名で構成・脚本を担当 藤間齋初お目見得

年	開始	終了	劇場	演目	役名	備考
	06・30	07・31	地方巡業	仮名手本忠臣蔵　七段目	大星由良之助	公文協東コース、松竹大歌舞伎
	09・02	09・26	歌舞伎座	一谷嫩軍記　熊谷陣屋 壇浦兜軍記　阿古屋 二條城の清正	熊谷直実 秩父庄司重忠 加藤清正	秀山祭九月大歌舞伎
	10・09	10・24	地方巡業（北海道・東北地方）	第一部：歌舞伎の世界で遊ぼう	〈おはなし（構成・演出・出演）〉	平成十九年度文化庁、本物の舞台芸術体験事業
	11・01	11・25	歌舞伎座	傾城反魂香 仮名手本忠臣蔵　九段目	浮世又平 大星由良之助	吉例顔見世大歌舞伎
	12・03	12・26	国立劇場大劇場	堀部彌兵衛 松浦の太鼓	堀部彌兵衛 松浦鎮信	国立劇場十二月歌舞伎公演、それぞれの忠臣蔵／松貫四の名で監修を担当 十三日、二十一日は社会人のための歌舞伎入門
平20 二〇〇八	01・02	01・26	歌舞伎座	一條大蔵譚　檜垣・奥庭 けいせい浜真砂　女五右衛門	一條大蔵卿 真柴久吉	歌舞伎座百二十年、壽初春大歌舞伎
	02・01	02・25	歌舞伎座	積恋雪関扉 初代松本白鸚二十七回忌追善口上	関兵衛実は黒主	歌舞伎座百二十年、初代松本白鸚二十七回忌追善、二月大歌舞伎
	04・01	04・25	御園座	鬼平犯科帳　大川の隠居 松浦の太鼓 閻魔と政頼	長谷川平蔵 松浦鎮信 鷹匠政頼	陽春大歌舞伎 松貫四の名で構成・脚本を担当
	05・02	05・26	新橋演舞場	一本刀土俵入 東海道四谷怪談	駒形茂兵衛 民谷伊右衛門	新橋演舞場五月大歌舞伎
	06・03	06・27	歌舞伎座	新薄雪物語 義経千本桜　すし屋	幸崎伊賀守 いがみの権太	歌舞伎座百二十年、六月大歌舞伎
	07・19	07・25	比叡山延暦寺 内阿弥陀堂横 野外特設舞台	藤戸	老母藤波、藤戸の悪龍	中村吉右衛門奉納公演、比叡山薪歌舞伎／松貫四の名で構成を担当
	09・02	09・26	歌舞伎座	ひらかな盛衰記　逆櫓 近江源氏先陣館　盛綱陣屋 天衣紛上野初花　河内山	松右衛門実は樋口次郎兼光 佐々木盛綱 河内山宗俊	歌舞伎座百二十年、秀山祭九月大歌舞伎

	10・04	10・27	国立劇場大劇場	大老	井伊直弼	国立劇場十月歌舞伎公演／北條秀司十三回忌追善
	11・04	11・19	地方巡業（東北・関東地方）	第一部：歌舞伎の世界で遊ぼう	〈おはなし（構成・演出・出演）〉	平成二十年度文化庁、本物の舞台芸術体験事業
	11・30	12・26	南座	梶原平三誉石切 元禄忠臣蔵　大石最後の一日	梶原平三 大石内蔵助	京の年中行事、当る丑歳吉例顔見世興行、東西合同歌舞伎
平21 二〇〇九	01・03	01・27	歌舞伎座	花街模様薊色縫　十六夜清心 寿曽我対面	俳諧師白蓮 曽我五郎	歌舞伎座さよなら公演、壽初春大歌舞伎
	02・01	02・25	歌舞伎座	人情噺文七元結 勧進帳	鳶頭伊兵衛 武蔵坊弁慶	歌舞伎座さよなら公演、二月大歌舞伎
	04・02	04・26	歌舞伎座	伽羅先代萩　床下・対決・刃傷 彦山権現誓助劔　毛谷村	仁木弾正 毛谷村六助	歌舞伎座さよなら公演、四月大歌舞伎
	05・02	05・26	新橋演舞場	祇園祭礼信仰記　金閣寺 眠駱駝物語　らくだ 鬼平犯科帳　狐火	松永大膳 紙屑買久六 長谷川平蔵	新橋演舞場五月大歌舞伎
	05・27		歌舞伎座	勧進帳	富樫左衛門	五代目中村富十郎傘寿記念、第九回矢車会
	06・03	06・27	歌舞伎座	双蝶々曲輪日記　角力場 門出祝寿連獅子 極付幡随長兵衛	放駒長吉 村の長 幡随院長兵衛	歌舞伎座さよなら公演、六月大歌舞伎 四代目松本金太郎初舞台
	06・30	07・31	地方巡業	伊賀越道中双六　沼津	呉服屋十兵衛	平成二十一年公文協中央コース、松竹大歌舞伎
	09・02	09・26	歌舞伎座	時今也桔梗旗揚 御存鈴ヶ森 勧進帳 松竹梅湯島掛額	武智光秀 幡随院長兵衛 富樫左衛門 紅屋長兵衛	歌舞伎座さよなら公演、九月大歌舞伎／秀山を偲ぶ所縁の狂言 七代目松本幸四郎没後六十年
	10・01	10・25	歌舞伎座	音羽嶽だんまり 義経千本桜　渡海屋・大物浦	畠山重忠 銀平実は平知盛	歌舞伎座さよなら公演、芸術祭十月大歌舞伎／藤間大河初お目見得

	11・05	11・25	地方巡業（近畿・四国地方）	第一部：歌舞伎の世界で遊ぼう	〈おはなし（構成・演出・出演）〉	平成二十一年度文化庁、本物の舞台芸術体験事業
	11・28		NHKホール	梶原平三誉石切	梶原平三	第三十六回NHK古典芸能鑑賞会
	12・03	12・26	国立劇場大劇場	頼朝の死 修禅寺物語	源頼家 夜叉王	国立劇場十二月歌舞伎公演、十二月十一日・二十二日は社会人のための歌舞伎入門
平22 二〇一〇	01・02	01・26	歌舞伎座	松浦の太鼓 菅原伝授手習鑑　車引	松浦鎮信 梅王丸	歌舞伎座さよなら公演、壽初春大歌舞伎
	03・02	03・28	歌舞伎座	楼門五三桐 女暫	石川五右衛門 舞台番辰次	歌舞伎座さよなら公演、御名残三月大歌舞伎
	04・02	04・28	歌舞伎座	弁天娘女男白浪　浜松屋・勢揃 一谷嫩軍記　熊谷陣屋 三人吉三巴白浪　大川端	南郷力丸 熊谷直実 お坊吉三	歌舞伎座さよなら公演、御名残四月大歌舞伎
	04・30		歌舞伎座	都風流	（立方）	歌舞伎座閉場式
	06・02	06・26	博多座	増補双級巴　石川五右衛門	石川五右衛門	六月博多座大歌舞伎／中村吉右衛門宙乗りにてつづら抜け相勤め申し候
	07・02	07・26	新橋演舞場	鬼平犯科帳　大川の隠居 恋湊博多諷　毛剃 祇園祭礼信仰記　金閣寺	長谷川平蔵 毛剃九右衛門 此下東吉実は真柴久吉	七月大歌舞伎
	09・02	09・26	新橋演舞場	傾城反魂香 伊賀越道中双六　沼津 荒川の佐吉　江戸絵両国八景	浮世又平 呉服屋十兵衛 相模屋政五郎	秀山祭九月大歌舞伎
	10・03	10・27	国立劇場大劇場	平家女護島　俊寛 天保遊侠録 将軍江戸を去る	俊寛 勝小吉 徳川慶喜	国立劇場十月歌舞伎公演
	11・08	11・25	地方巡業（九州地方）	第一部：歌舞伎の世界で遊ぼう	〈おはなし（構成・演出・出演）〉	平成二十二年度子どものための優れた舞台芸術体験事業
	11・30	12・26	南座	菅原伝授手習鑑　寺子屋	松王丸	京の年中行事、當る卯歳吉例顔見

平23 二〇一一	01・02	01・26	新橋演舞場	仮名手本忠臣蔵 七段目	大星由良之助	世興行、東西合同歌舞伎
				寿曽我対面	工藤祐経	寿初春大歌舞伎
	01・15			『わが心の歌舞伎座』［映画］		製作・配給：松竹
	03・02	03・26	新橋演舞場	曽我綉侠御所染 御所五郎蔵	星影土右衛門	三月大歌舞伎
				源氏物語 浮舟	匂宮	
	05・01	05・25	新橋演舞場	敵討天下茶屋聚	人形屋幸右衛門	五月大歌舞伎
				籠釣瓶花街酔醒	佐野次郎左衛門	
	06・02	06・26	新橋演舞場	梶原平三誉石切	梶原平三	新橋演舞場六月大歌舞伎
				夏祭浪花鑑	団七九郎兵衛	
	07・29		新橋演舞場	岸漣漪常磐松島 松島	（立方）	東日本大震災復興支援、歌舞伎チャリティー公演
	09・01	09・25	新橋演舞場	菅原伝授手習鑑 寺子屋	松王丸	秀山祭九月大歌舞伎、三代目中村又五郎襲名披露、四代目中村歌昇襲名披露
				沓手鳥孤城落月	氏家内膳	
				三代目中村又五郎・四代目中村歌昇襲名披露口上		
	10・01	10・25	御園座	菅原伝授手習鑑 車引	松王丸	第四十七回吉例顔見世、三代目中村又五郎襲名披露、四代目中村歌昇襲名披露
				一條大蔵譚 檜垣・奥殿	一條大蔵卿	
				三代目中村又五郎・四代目中村歌昇襲名披露口上		
				双蝶々曲輪日記 角力場	濡髪長五郎	
	10・08			『一谷嫩軍記 熊谷陣屋』［映画］	熊谷直実	シネマ歌舞伎／製作・配給：松竹
	10・28		NHKホール	彦山権現誓助劔 杉坂墓所・毛谷村	毛谷村六助	第三十八回NHK古典芸能鑑賞会
	11・04	11・22	地方巡業（関東・中部地方）	第一部：歌舞伎の世界で遊ぼう	〈おはなし（構成・演出・出演）〉	平成二十三年度次代を担う子どもの文化芸術体験事業
	12・03	12・26	国立劇場大劇場	元禄忠臣蔵 御浜御殿・大石最後の一日	徳川綱豊【御浜御殿】、大石内蔵助【大石最後の一日】	国立劇場十二月歌舞伎公演、国立劇場開場四十五周年記念
平24 二〇一二	01・02	01・26	新橋演舞場	盲長屋梅加賀鳶	加賀鳶日蔭町松蔵	寿初春大歌舞伎
				連獅子	狂言師右近後に親獅子の精	寿初春大歌舞伎／五世中村富十郎一周忌追善狂言

02・02	02・26	新橋演舞場	土蜘 御存鈴ヶ森 六代目中村勘九郎襲名披露口上	番卒太郎 幡随院長兵衛	六代目中村勘九郎襲名披露二月大歌舞伎
03・03	03・27	南座	一谷嫩軍記 熊谷陣屋 平家女護島 俊寛 三代目中村又五郎・四代目中村歌昇襲名披露口上	熊谷直実 俊寛	秀山祭三月大歌舞伎、三代目中村又五郎襲名披露・四代目中村歌昇襲名披露
04・05	04・22	金丸座	船弁慶 一本刀土俵入 三代目中村又五郎・四代目中村歌昇襲名披露口上	舟長三保太夫 駒形茂兵衛	第二十八回四国こんぴら歌舞伎大芝居、三代目中村又五郎襲名披露、四代目中村歌昇襲名披露
06・02	06・26	博多座	義経千本桜 川連法眼館 極付幡随長兵衛 時今也桔梗旗揚 三代目中村又五郎・四代目中村歌昇襲名披露口上	源義経 幡随院長兵衛 四王天但馬守	三代目中村又五郎襲名披露・四代目中村歌昇襲名披露、六月博多座大歌舞伎
07・03	07・27	大阪松竹座	彦山権現誓助劔 毛谷村 荒川の佐吉 江戸絵両国八景 義経千本桜 渡海屋・大物浦 三代目中村又五郎・四代目中村歌昇襲名披露口上	杣斧右衛門 相模屋政五郎 銀平実は平知盛	三代目中村又五郎襲名披露・四代目中村歌昇襲名披露、七月大歌舞伎、関西・歌舞伎を愛する会第二十一回／7月1日東日本大震災チャリティー公開舞台稽古
09・01	09・25	新橋演舞場	菅原伝授手習鑑 寺子屋 天衣紛上野初花 河内山 時今也桔梗旗揚	松王丸 河内山宗俊 武智光秀	秀山祭九月大歌舞伎
09・26		国立劇場大劇場	寿式三番叟 弓矢立合	翁	二世藤間勘祖二十三回忌追善、宗家藤間流藤間会
11・06	11・22	地方巡業（中部・近畿地方）	第一部：歌舞伎の世界で遊ぼう	〈おはなし〉（構成・演出・出演）	平成二十四年度次代を担う子どもの文化芸術体験事業
12・02	12・25	国立劇場大劇場	鬼一法眼三略巻	吉岡鬼一法眼【菊畑】、一條大蔵卿【檜垣・奥殿】	国立劇場十二月歌舞伎公演

平25 二〇一三	01・02	01・26	新橋演舞場	傾城反魂香 仮名手本忠臣蔵　七段目	浮世又平 寺岡平右衛門	寿初春大歌舞伎／四世中村雀右衛門一周忌追善狂言
	03・27		歌舞伎座	寿式三番叟	翁	歌舞伎座開場式／午後3時30分開演
	04・02	04・28	歌舞伎座	一谷嫩軍記　熊谷陣屋 弁天娘女男白浪	熊谷直実 日本駄右衛門	歌舞伎座新開場、柿葺落四月大歌舞伎
	05・03	05・29	歌舞伎座	近江源氏先陣館　盛綱陣屋 伽羅先代萩　床下 梶原平三誉石切	和田兵衛秀盛 荒獅子男之助 梶原平三	歌舞伎座新開場、柿葺落五月大歌舞伎
	06・03	06・29	歌舞伎座	平家女護島　俊寛 土蜘 助六由縁江戸桜	俊寛 源頼光 くわんぺら門兵衛	歌舞伎座新開場、柿葺落六月大歌舞伎／十二世市川團十郎に捧ぐ
	07・01	07・30	地方巡業	番町皿屋敷 三代目中村又五郎・四代目中村歌昇襲名披露口上	青山播磨	平成二十五年公文協中央コース、松竹大歌舞伎、三代目中村又五郎襲名披露、四代目中村歌昇襲名披露
	08・31	09・25	地方巡業	伊賀越道中双六　沼津 三代目中村又五郎・四代目中村歌昇襲名披露口上	呉服屋十兵衛	平成二十五年公文協西コース、松竹大歌舞伎、三代目中村又五郎襲名披露、四代目中村歌昇襲名披露
	10・01	10・25	歌舞伎座	義経千本桜　渡海屋・大物浦	銀平実は平知盛	歌舞伎座新開場柿葺落、芸術祭十月大歌舞伎
	11・01	11・25	歌舞伎座	仮名手本忠臣蔵　四段目・七段目・十一段目	大星由良之助	歌舞伎座新開場柿葺落、吉例顔見世大歌舞伎
	12・03	12・26	国立劇場大劇場	いろは仮名四十七訓　弥作の鎌腹 忠臣蔵形容画合　忠臣蔵七段返し	百姓弥作 大星由良之助	国立劇場十二月歌舞伎公演 国立劇場十二月歌舞伎公演／河竹黙阿弥没後百二十年
平26 二〇一四	01・02	01・26	歌舞伎座	松浦の太鼓 仮名手本忠臣蔵　九段目	松浦鎮信 大星由良之助	歌舞伎座新開場柿葺落、壽初春大歌舞伎
	03・02	03・26	歌舞伎座	身替座禅 勧進帳	奥方玉の井 武蔵坊弁慶	歌舞伎座新開場、鳳凰祭三月大歌舞伎、歌舞伎座松竹株式会社経営

						百年、先人の碑建立一年
	04・02	04・26	歌舞伎座	一條大蔵譚　檜垣・奥殿	一條大蔵卿	歌舞伎座新開場一周年記念、鳳凰祭四月大歌舞伎、歌舞伎座松竹経営百年、先人の碑建立一年
	06・01	06・25	歌舞伎座	名月八幡祭	縮屋新助	六月大歌舞伎
	06・30	07・31	地方巡業	双蝶々曲輪日記　角力場	濡髪長五郎	平成二十六年度公文協東コース、松竹大歌舞伎、三代目中村又五郎襲名披露、四代目中村歌昇襲名披露
				三代目中村又五郎・四代目中村歌昇襲名披露口上		
	09・01	09・25	歌舞伎座	隅田川続俤　法界坊	法界坊、法界坊の霊、野分姫の霊	秀山祭九月大歌舞伎
				絵本太功記　尼ヶ崎	武智光秀	
	09・20			『柘榴坂の仇討』［映画］	井伊直弼	製作：「柘榴坂の仇討」製作委員会、配給：松竹
	10・28		NHKホール	傾城反魂香	浮世又平	第四十一回NHK古典芸能鑑賞会
	11・01	11・25	歌舞伎座	井伊大老	井伊直弼	吉例顔見世大歌舞伎、初世松本白鸚三十三回忌追善
				勧進帳	源義経	
	12・03	12・26	国立劇場大劇場	伊賀越道中双六	唐木政右衛門	国立劇場十二月歌舞伎公演
平27 二〇一五	01・02	01・26	歌舞伎座	番町皿屋敷	青山播磨	松竹創業百二十周年、壽初春大歌舞伎
				女暫	舞台番辰次	
	02・02	02・26	歌舞伎座	一谷嫩軍記　陣門・組打	熊谷直実	松竹創業百二十周年、二月大歌舞伎
	04・02	04・26	歌舞伎座	六歌仙容彩　大伴黒主	大伴黒主	松竹創業百二十周年、四代目中村鴈治郎襲名披露、四月大歌舞伎
				成駒家歌舞伎賑　木挽町芝居前	太夫元播磨屋吉右衛門	
	06・01	06・25	歌舞伎座	新薄雪物語	刀鍛冶団九郎	松竹創業百二十周年、六月大歌舞伎
	09・02	09・26	歌舞伎座	競伊勢物語	紀有常	松竹創業百二十周年、秀山祭九月大歌舞伎／紀有常生誕一二〇〇年、井上公春初お目見得
				伽羅先代萩　床下・対決・刃傷	仁木弾正	
	10・03	10・25	日本特殊陶業市民会館ビレ	松浦の太鼓	松浦鎮信	錦秋名古屋顔見世
				平家女護島　俊寛	俊寛	

			ッジホール			
	11・03	11・26	国立劇場大劇場	神霊矢口渡	由良兵庫之助信忠	国立劇場十一月歌舞伎公演
平28 二〇一六	01・02	01・26	歌舞伎座	梶原平三誉石切	梶原平三	寿初春大歌舞伎
	02・02	02・26	歌舞伎座	新書太閤記 籠釣瓶花街酔醒	明智光秀 佐野次郎左衛門	二月大歌舞伎
	03・03	03・27	歌舞伎座	鎌倉三代記 五代目中村雀右衛門襲名披露口上	佐々木高綱	五代目中村雀右衛門襲名披露、三月大歌舞伎
	03・30		鶴岡八幡宮境内	延年の舞	(立方)	段葛竣功記念行事、史跡「段葛」整備事業竣功式及び通り初め
	05・02	05・26	歌舞伎座	楼門五三桐 勢獅子音羽花籠	石川五右衛門 鳶頭播磨の吉右衛門	團菊祭五月大歌舞伎 團菊祭五月大歌舞伎／寺嶋和史初お目見得
	09・01	09・25	歌舞伎座	一條大蔵譚　檜垣・奥殿 妹背山婦女庭訓　吉野川	一條大蔵卿 大判事清澄	秀山祭九月大歌舞伎／三代目中村吉之丞襲名披露
	10・02	10・26	歌舞伎座	八代目中村芝翫・四代目中村橋之助・三代目中村福之助・四代目中村歌之助襲名披露口上 一谷嫩軍記　熊谷陣屋	 源義経	八代目中村芝翫襲名披露、四代目中村橋之助・三代目中村福之助・四代目中村歌之助襲名披露、十月大歌舞伎
	11・02	11・26	国立劇場大劇場	仮名手本忠臣蔵　七段目	大星由良之助	国立劇場開場五十周年記念、国立劇場十一月歌舞伎公演

受賞歴　※賞歴の年は基本的に授賞式の年を採用していますが、「名古屋演劇ペンクラブ年間賞」は、対象年度を採用しました。

一九五五年・第八回毎日演劇賞演技別賞／一九六九年・優秀タレント賞／一九七五年・名古屋演劇ペンクラブ年間賞／一九七七年・第二十八回芸術選奨文部大臣新人賞／一九八四年・第三十九回芸術祭賞優秀賞、第四十一回日本芸術院賞、第三回真山青果賞大賞／一九九一年・第四十六回芸術祭賞、第十二回松尾芸能賞大賞／一九九五年・第十四回真山青果賞大賞／一九九六年・第十九回日本アカデミー賞優秀主演男優賞、第三回読売演劇大賞優秀男優賞／一九九九年・第九回日本映画批評家大賞ゴールデングローリー賞／二〇〇二年・第五十七回芸術祭賞大賞／二〇〇三年・第十回読売演劇大賞選考委員特別賞、第二十一回真山青果賞大賞、名古屋演劇ペンクラブ年間賞／二〇〇七年・第四十八回毎日芸術賞、第六回朝日舞台芸術賞、第十四回読売演劇大賞優秀男優賞／二〇〇八年・第十二回坪内逍遙大賞、第二十八回伝統文化ポーラ賞大賞／二〇〇九年・第十六回読売演劇大賞選考委員特別賞／二〇一五年・第二十二回読売演劇大賞大賞および最優秀作品賞、第三十一回浅草芸能大賞、第三十一回早稲田大学芸術功労者顕彰、以上受賞。二〇〇二年より日本芸術院会員。二〇一一年より重要無形文化財保持者（人間国宝）。

系図

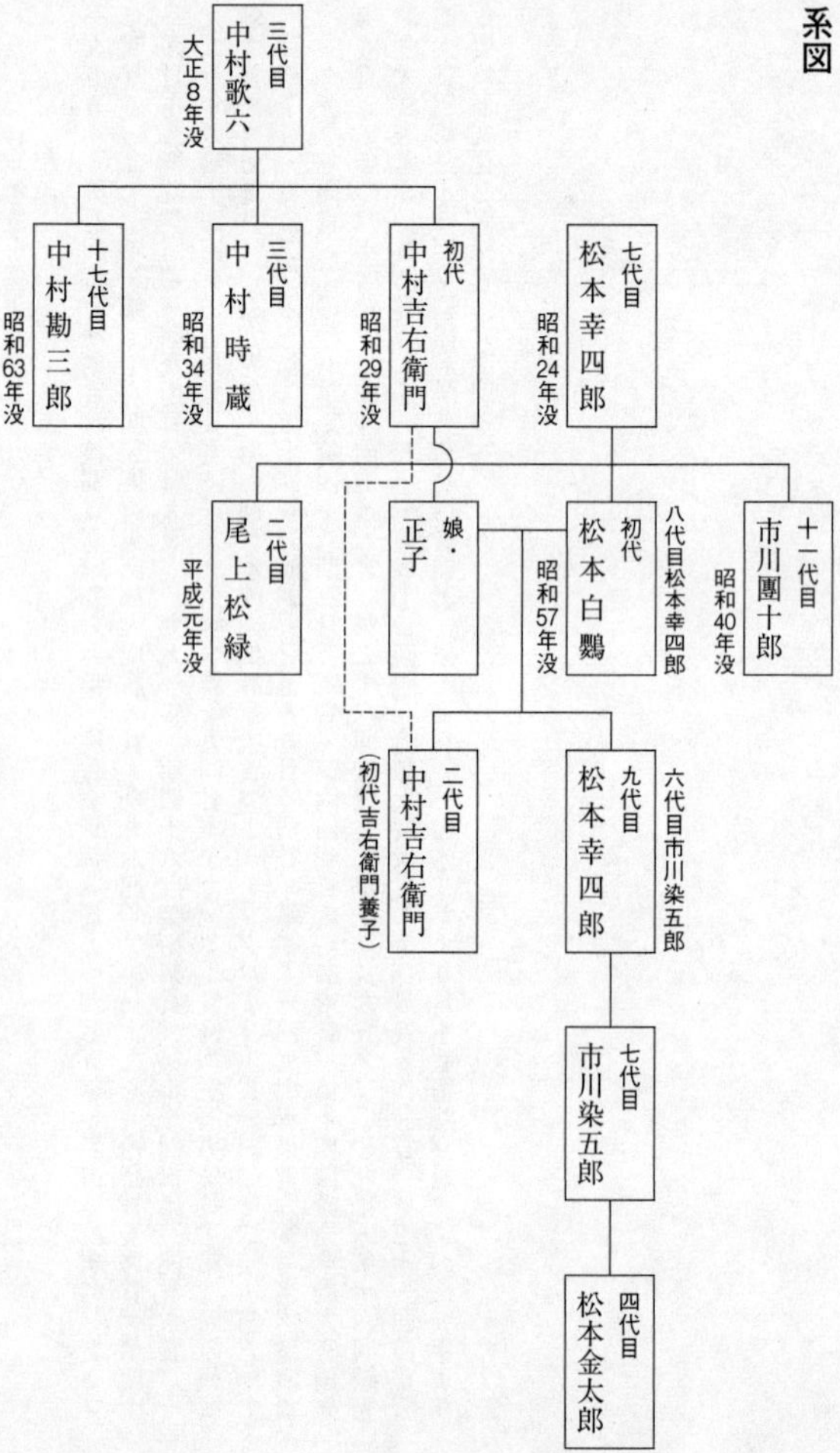
三代目 中村歌六
大正8年没
十七代目 中村勘三郎
昭和63年没
三代目 中村時蔵
昭和34年没
初代 中村吉右衛門
昭和29年没
七代目 松本幸四郎
昭和24年没
二代目 尾上松緑
平成元年没
娘・正子
初代 松本白鸚
八代目松本幸四郎
昭和57年没
十一代目 市川團十郎
昭和40年没
二代目 中村吉右衛門
（初代吉右衛門養子）
九代目 松本幸四郎
六代目市川染五郎
七代目 市川染五郎
四代目 松本金太郎

カバー写真／鍋島徳恭【「五代目中村雀右衛門襲名披露口上」平成二十八年三月　三月大歌舞伎　歌舞伎座】

口絵写真／鍋島徳恭【「一谷嫩軍記　熊谷陣屋」平成二十五年四月　歌舞伎座新開場、柿葺落四月大歌舞伎　歌舞伎座】

編集協力／松竹株式会社

年譜作成／財団法人　松竹大谷図書館

参考文献　※順不同

『松竹百年史　演劇資料』松竹／一九九六年
『歌舞伎座百年史　資料篇』松竹㈱歌舞伎座／一九九五年
『東宝70年映画・演劇・テレビ・ビデオ作品リスト　2002年度版』東宝／二〇〇二年
『日本舞踊年鑑　1975』日本舞踊協会／一九七五年
『舞踊年表　I巻』如月青子／朝日新聞社／二〇〇三年
『舞踊年鑑〔V〕1981　昭和55年の記録』全日本舞踊連合舞踊年鑑委員会　全日本舞踊連合／一九八一年
『演劇年鑑』日本演劇協会
「演劇界」演劇出版社
「幕間」和敬書店
「東宝」東宝事業部
「早稲田大学坪内博士記念演劇博物館」早稲田大学坪内博士記念演劇博物館
「キネマ旬報」キネマ旬報社
「TVガイド」東京ニュース通信社
「週刊TV番組」東京ポスト
「アートシアター」日本アート・シアター・ギルド

解説

水落　潔

「二代目」とは現代の歌舞伎の名優二代目中村吉右衛門のことである。その誕生から今日までの歩みを、聞き書きをもとに当時の記録や周囲の人たちの証言を加えて綴ったのがこの本だ。毎日新聞日曜版の「日曜くらぶ」で二〇〇八年に連載し、後に加筆して単行本になった。文庫化に際して、それ以降現在までの歩みを書き加えている。筆者の小玉祥子は、同紙学芸部の記者である。

二代目は一九四四年五月二十二日に東京で生まれた。幼名は久信。父は初代松本白鸚（八代目松本幸四郎）、母は初代中村吉右衛門の娘正子、二歳上の兄が九代目幸四郎、伯父に十一代目市川團十郎、叔父に二代目尾上松緑、四代目中村雀右衛門がいる。頭の天辺から爪の先まで歌舞伎の血が流れている。生後間もなく母方の祖父吉右衛門の養子になった。これには事情があって、初代の一人娘の正子が白鸚、当時の市川染五郎と恋におち結婚したいと言いだした。初代は渋ったが正子は「男の子を二人産み、一人を実家の養子にして吉右衛門を継がせる」と言い切りそれを実現した（「誕生」）。

二代目の誕生は周囲から祝福された。初代の喜びはもとより、父方の七代目幸四郎も長文の手紙を寄越した（「序」）。二代目は生まれながらにして将来の歌舞伎の大看板役者になることを約束されていた。

世間の目には、何と羨ましい人生だろうと映るかも知れない。しかし本人にとってはどうであったろう。歌舞伎は興行である。観客を惹きつけるだけの芸と人気を兼ね備えないと大看板にはなれない。そのためには幼時から並ではない修業を積まねばならない。厳しい競争世界なのである。

初代は子供芝居から出て一代で吉右衛門を歌舞伎界の大名跡にした稀代の名優であった。歌舞伎俳優として初めて存命中に文化勲章を受章している。二代目は「序」の中で「二代目とは難しい立場です。初代の名跡を継いだ者としてその責任感、ご贔屓のご期待に添う事、初代の芸を継ぎ尚かつ自分の芸を確立する等々、それらを私が乗り越えてきたとはどうしても思えませんでした」と書いている。また養母から「二代目はたたずと言うからね」と言われ子供心に大きなショックを受けたとも書いている。幼い頃はとも角、歳を取るに連れ二代目という宿命が栄光よりも重荷になっていくのである。

戦争が熾烈になって一家は日光へ疎開し、久我山、渋谷と転居した。歌舞伎の家では妻が贔屓客への応接をはじめ表方の雑用すべてを引き受ける。母は年中家を外にしていた。代わって子供たちの面倒を見たのが「ばあばあ」と呼んでいた村杉たけであった。たけの思い出を語る時の二代目は優しい。

二代目は一九四八年六月の東劇で初舞台を踏んだ。芸名は中村萬之助。一九五一年に小学校へ進むが、授業が終わると三味線、踊り、鳴物などの稽古が待っている。友人が出来るわけがない。孤独な子供だった。一九五四年に初代が亡くなった。「初代存命中の僕は吉右衛門の跡取りです。みんなが『若旦那、若旦那』とゴマをすって遠慮し、こっちもいい気になっていた。ところが初代が亡くなれば、ただの高麗屋の弟の子役。周りの扱いも変わる。それが分かってから、明るかった性格が暗くなっていきました」と語っている。一九五五年に二代目は「山姥」の怪童丸を演じて、十一歳で毎日演劇賞演技別賞を受賞した。役者としての資質は当時から際立っていたのだ。

歌舞伎は今では世界文化遺産になり世界に誇る演劇になったが、戦後の評価は全く違っていた。江戸時代の封建的な倫理観で作られている歌舞伎は、民主主義の戦後には時代遅れの演劇と見なされた。戦前から活躍してきた名優たちの芸だけが歌舞伎を支えてきたのだが、初代吉右衛門の死でそれも終わった。続く白鸚らの世代は歌舞伎をどうして存続させるか、その課題と向き合うことになった。白鸚は福田恆存作、演出「明智光秀」で文学座に客演、「日向嶋」を文楽の綱大夫、弥七と共演して新しい歌舞伎のあり方を模索していた。二代目も兄と共にそれらの舞台に出演した。一方で兄弟で「木の芽会」という勉強会を作って大役に挑み好評を得た。しかし中学から高校生に至る多感な青春期である。生まれながら人生が決められ選択の自由もない身の上に不満と疑問が生まれたのも無理はない。顔が小さく背が高い体型は歌舞伎に向いていないのではないかという本質的な疑問、二歳違いの兄と常に比較される憂鬱、何よりも大名跡を継がねばならぬ人生が重圧になった。二代目はモダンジャズに惹かれ、ナイトクラブに通いダンスに興じた。反抗期である。

一九六一年に二代目と染五郎は東宝へ移籍した。それを追うように白鸚一門が東宝へ入った。歌舞伎界を揺るがす大事件だった。東宝は総帥に菊田一夫を据えて新しい演劇作りに意欲を燃やしていた。七代目幸四郎が座頭をつとめた帝劇の新築も進んでいた。白鸚は「枯れかけた歌舞伎をどうしたら生かすことができるか。そのための東宝入り」と語っている。一九六三年、二代目は早稲田大学に進むが、その頃激しい恋をした。相手はフランス人であった。彼女が帰国することになった時、芝居にも人生にも行き詰まりを感じていた二代目は後を追おうとした。白鸚は反対もせず「何にでもなっちまいな」と吐き捨てるように言い放ち、ぷいと背を向けたと語っている。その寂しい後ろ姿を見て初めて父の苦しさが分かった。初代の死で白鸚は高麗屋（幸四郎家）と播磨屋（吉右衛門家）の芸を双肩で担うことになったのだ。白鸚も二代目の苦しみを背負っていたのである。

一九六六年新開場した帝劇の柿落としで二代目吉右衛門襲名公演が華々しく行われた。しかし新吉右衛門の前途は洋々とはいかなかった。白鸚と菊田一夫との演劇観の違いが次第に大きくなってきたのである。菊田は帝劇や芸術座を使ってミュージカル、歴史劇、西欧劇という新しいジャンルの演劇を創ろうとしていた。歌舞伎には冷淡だった。そんな菊田の期待に応えて東宝演劇の旗手になったのは兄染五郎であった。それに対して初代の芸を継ぐ決心をした二代目には戸惑いがあった。次々に大女優と共演する機会に恵まれ、それはそれで得るものは大きかったが、一方で「これで良いのか」という苛立ちもあった。二代目は単身松竹へ復帰する決心を固めた。

復帰しても帰るべき劇団はない。叔父の松緑がいる菊五郎劇団、かつて初代の相手役をつとめた歌右衛門、勘三郎といった先輩に教えを乞い、叱られながら改めて歌舞伎修業を始めた。今では二代目は台詞の名手として知られるが、若い時は声に難点があった。それを努力で克服して得意の芸にしたのである。やがて白鸚も松竹に戻るが一九八二年に死去した。後ろ盾を無くした二代目は、一人で初代の芸を目標に一歩ずつ修業を積んでいった。

私は演劇記者をしていたので、東宝時代から二代目を取材する機会が何度もあった。その印象を一言で言うと、どこか陰鬱で屈折した俳優だった。寡黙で必要なこと以外は語らない。外から見ると役にも恵まれ順風満帆の役者生活を送っているように見えたのだが、この本を読むとそうではなかったことが分かる。当時私らには一切見せなかった心の内を、小玉祥子にだけは打ち明けている。二代目が彼女を信頼したからである。語る者と聞く者との厚い信頼がこの著書を生んだので、そこがこの本の厚みと魅力になっている。もう一人、苦しむ二代目を支え続けたのは妻知佐であった。一九七五年に結婚したのだが「一生結婚はしない。五十歳になったら仏門に入る」と言っていた二代目を献身的に支えてきた。素晴らしい夫婦愛である。

二代目は今や円熟の境地に達した。初代に遜色のない芸をすでに身に付けている。しかし、そこに至る歩みは苦闘に満ち波乱に富んでいた。『二代目』はその意味で吉右衛門の魂の記録である。


（みずおち　きよし／演劇評論家）

JASRAC 出 1613735-102

二代目《にだいめ》　聞《き》き書《が》き　中村吉右衛門《なかむらきちえもん》　朝日文庫

2016年12月30日　第1刷発行
2021年12月30日　第2刷発行

著　者　小玉祥子《こだましようこ》

発行者　三宮博信
発行所　朝日新聞出版
〒104-8011　東京都中央区築地5-3-2
電話　03-5541-8832（編集）
03-5540-7793（販売）

印刷製本　大日本印刷株式会社

Published in Japan by Asahi Shimbun Publications Inc.
定価はカバーに表示してあります

ISBN978-4-02-261887-0
落丁・乱丁の場合は弊社業務部（電話03-5540-7800）へご連絡ください。
送料弊社負担にてお取り替えいたします。

朝日文庫

宇江佐 真理
うめ婆《ばあ》行状記
北町奉行同心の夫を亡くしたうめ。念願の独り暮らしを始めるが、隠し子騒動に巻き込まれてひと肌脱ぐことにするが。《解説・諸田玲子、末國善己》

宇江佐 真理
憂《う》き世店《よだな》
松前藩士物語
江戸末期、お国替えのため浪人となった元松前藩士一家の裏店での貧しくも温かい暮らしを情感たっぷりに描く時代小説。《解説・長辻象平》

山本 一力
たすけ鍼《ばり》
深川に住む染谷《せんこく》は〝ツボ師〟の異名をとる名鍼灸師。病を癒やし、心を救い、人助けや世直しに奔走する日々を描く長編時代小説。《解説・重金敦之》

山本 一力
立夏の水菓子
たすけ鍼《ばり》
人を助けて世を直す──深川の鍼灸師・染谷の奔走を人情味あふれる筆致で綴る。疲れた心にもじんわり効く名作時代小説『たすけ鍼』待望の続編。

山本 一力
辰巳八景
深川の粋と意気地、恋と情け。長唄「巽八景」をモチーフに、下町の風情と人々の哀歓が響き合う珠玉の人情短編集。《解説・縄田一男》

五十嵐 佳子
むすび橋
結実の産婆みならい帖
産婆を志す結実が、それぞれ事情を抱えながらも命がけで子を産む女たちとともに喜び、葛藤しながら成長していく。感動の書き下ろし時代小説。

情に泣く
朝日文庫時代小説アンソロジー　人情・市井編
細谷正充・編／宇江佐真理／北原亞以子／杉本苑子／半村良／平岩弓枝／山本一力／山本周五郎・著

失踪した若君を探すため物乞いに堕ちた老藩士、家族に虐げられ娼家で金を毟られる旗本の四男坊など、名手による珠玉の物語。《解説・細谷正充》

悲恋
朝日文庫時代小説アンソロジー　思慕・恋情編
細谷正充・編／安西篤子／池波正太郎／北重人／澤田ふじ子／南條範夫／諸田玲子／山本周五郎・著

夫亡き後、舅と人目を忍ぶ生活を送る未亡人。父を斬首され、川に身投げした娘と牢屋奉行跡取りの運命の再会。名手による男女の業と悲劇を描く。

おやこ
朝日文庫時代小説アンソロジー
細谷正充・編／池波正太郎／梶よう子／杉本苑子／竹田真砂子／畠中　恵／山本一力／山本周五郎・著

養生所に入った浪人と息子の嘘「二輪草」、歌舞伎の名優を育てた養母の葛藤「仲蔵とその母」など、時代小説の名手が描く感涙の傑作短編集。

なみだ
朝日文庫時代小説アンソロジー
細谷正充・編／青山文平／宇江佐真理／西條奈加／澤田瞳子／中島　要／野口　卓／山本一力・著

貧しい娘たちの幸せを願うご隠居「松葉緑」、親子三代で営む大繁盛の菓子屋「カスドース」など、ほろりと泣けて心が温まる傑作七編。

いのち
朝日文庫時代小説アンソロジー
朝井まかて／安住洋子／川田弥一郎／澤田瞳子／山本一力／山本周五郎／和田はつ子・著／末國善己・編

江戸期の町医者たちと市井の人々を描く医療時代小説アンソロジー。医術とは何か。魂の癒やしとは？　時を超えて問いかける珠玉の七編。

江戸旨いもの尽くし
朝日文庫時代小説アンソロジー
今井絵美子／宇江佐真理／梶よう子／北原亞以子／坂井希久子／平岩弓枝／村上元三／菊池仁編

鰯の三杯酢、里芋の田楽、のっぺい汁など素朴で旨いものが勢ぞろい！　江戸っ子の情けと絶品料理に癒される。時代小説の名手による珠玉の短編集。